그때에도 계시고
이제도 계시는 하나님

그때에도 계시고 이제도 계시는 하나님

드보라 김 지음

나침반

나는 주님 한 분이면 된다!

미국 LA로 이민을 온 지 14년째 되던 2008년 겨울 어느 날, 기도 가운데 성령께서 책을 쓰라는 감동을 주셨다. 너무나 뜻밖으로 나의 성향과는 전혀 맞지 않는다는 생각이 들었다. 더구나 나는 글재주가 없는 사람이라 글을 쓴다는 것은 생각할 수도 없었다. 하지만 연이어 빌립보서 2장13절 말씀이 뒤따르듯 떠올랐다.

"너희 안에서 행하시는 이는 하나님이시니 자기의 기쁘신 뜻을 위하여 너희로 소원을 두고 행하게 하시나니"

그해 12월부터 조금씩 글을 쓰기 시작해서, 7년이 지난 2015년 7월에 마무리 작업을 하고 있는 나를 보게 되었다. 부족한 나 스스로를 너무 잘 알고 있기 때문에 더더욱 주님의 살아계심을 실감하고 있다. 끝마무리를 마친 원고를 들고 제일 먼저 주님 앞에 달려가 올려드리면서 다음 행보가 막연하다고 기도했다. 나의 지경에는 영향력 있는 사람이나 인맥도 나를 도와주고 돌보아줄 수 있는 사람이 어디에도 없을 뿐 아니라 그런 사람과 어떤 연결고리도 없다. 세상에 이름이 알려져 유명한 분, 교계에서 존경받는 분, 훌륭한 설교자나 능력자 모두 나와는 전혀 상관이 없는 것이다. 오직 주님 한 분만 알 뿐이다.

나는 그렇게 자신이 없다고 말씀드리니 주님께서 "네가 열거

한 그 모든 사람을 내가 만들었고 허락하였다"고 말씀하셨다. 그렇다, 나는 주님 한 분이면 된다.

나의 이야기는 세상에서 크게 성공했다는 간증이 아니다. 전혀 하나님을 알지 못했던 내가 회심의 과정을 거칠 때마다 겪어야 했던 연단과, 그 연단의 과정에서 오직 주님의 은혜로 매 순간 승리할 수 있었던 삶을 이야기했다. 글을 쓰던 당시에, 개인사업을 하다가 파산을 하였고 도무지 회복될 것 같지 않던 경제적인 처참한 가운데 있었다. 오랫동안 믿지 않는 남편을 보며 소망이 없다는 생각에 말할 수 없는 번민에 사로잡혔다. 열매가 없는 간증은 의미가 없으며 은혜가 될 수 없다는 생각이 있었기에 글을 자꾸만 멈추게 되었다.

그러나 그것은 나의 엄청난 착각이었다. 하나님은 나의 완악함을 너무나 잘 아시고 남편보다 나를 먼저 찾으신 것이다. 그로인해 남편은 하나님께서 쓰시는 연단의 도구가 되어 나의 완악함이 녹아질 때 까지 고난의 풀무 가운데를 함께 지나올 수밖에 없었다. 남편이 하나님을 찾지 않는 시간들이 나의 연단의 기간이었으며 뜨겁게 달궈진 7년의 연단이 곧 간증이 될 수 있었고, 내가 새사람이 되기를 하나님께서 기다리신 시간들이기도 했다. 그리고 마침내 남편이 주님을 사랑하는 사람이 되었다.

새사람으로 변화된 나는 지난 날 하나님께서 주셨던 새 일을 시작했다. 신앙인을 대상으로 돕는 배필이라는 결혼상담과 신앙상담, 혼자가 된 여성들을 홀로서기를 할 수 있도록 권면하고 이끌어주는 일이다. 홀로된 것에 아픔과 괴로움에 시달리면서 이민자의 피폐한 삶의 무게까지 고스란히 안고 찾아오는 이들을 만날 때마다 나는 매번 이 일에 무척 흥분하고 있다.

옛사람의 나는 갖고 싶은 것이 있으면 가져야 했고, 하고 싶은 것을 하지 못하면 몸살을 앓듯 견디지 못해 병이 나는 사람이었다. 그런데 지금의 나는 탐하고 싶은 것이 그다지 없다. 오직 끝없이 내게 쏟아부어주셨던 주님의 은혜와 긍휼함을 그들에게 나누어주고 부어주는 일을 하지 못하면 병이 날것만 같다. 이 일은 분명 나의 소명이다. 그런즉 빌립보서 2장 13절 말씀이 이루어졌다고 믿고 싶다.

그러므로 이 책이 고난의 골짜기를 지나는 이들에게 좋은 친구가 되길 바란다.

푸른초장, 쉴만한 물가에서-
드보라 김

차례

제1부 나를 기다리신 하나님 11

드디어 그날을 기억해내다
어쨌든 약속은 지키다
거절을 경험하다
처음으로 서원기도를 하다
영적 싸움을 체험하다
그와 함께 고난도 받으라
범사에 감사하라
세상으로부터 자유하라
말씀만이 능력이라

제2부 가족을 회복시키시는 하나님 85

내가 죽어야 그가 산다
순종과 사랑만이 그를 살릴 수 있다
온전한 인내를 이루다
가장 낮은 모습에서 회복은 시작되다

제3부 **약속 이행을 기다리는 하나님** 149

사단의 덫을 분별하라
선 줄로 생각하는 자는 넘어질까 조심하라
지금 이 자리에서 온전히 헌신하라

제4부 **새로 사명을 주시는 하나님** 193

하나님을 하나님 되시게 하다
새로운 이름과 삶 드보라

제1부

나를 기다리신 하나님

드디어 그날을 기억해내다

결혼한 지 5년이 지났다.

첫 아이인 우리 딸도 다섯 살이 되었고, 나는 우리 딸에게 꼭 맞는 유치원을 찾아주고 싶은 마음에 유치원을 알아보며 돌아다니던 중이었다. 그날 방문한 곳은, 집 근처 한 교회에서 부설로 운영하는 곳이었고, 내부를 꼼꼼하게 살피고 돌아 나오던 순간이었다.

유치원에서 나와 문득 뒤를 돌아섰는데, 유치원 뒤편으로 교회가 보였다. 그것을 보는 순간, 갑자기 번개가 머리를 내리치듯 깜짝 놀랄 속도로 내 머리를 비집고 들어오는 기억이 있었다.

5년 전 그날, 내가 기도하던 모습이 눈앞에서 보는 듯 생생하게 되살아났다.

'하나님! 정말 하나님이 살아계신 분이시라면, 제 기도를 들으시고 우리 아이가 건강하게 태어나게 해주세요. 이 기도가 그대로 이루어지면 저는 하나님이 살아계신다는 것을 믿고 교회를 다니겠습니다.'

그랬다.

나는 당시 배 속에 생명 그러니까 우리 큰딸을 담고 있었고, 까닭 모를 불안함에 휩싸여있었다. 몇 날 며칠 밥도 먹지 못하고 잠도 이루지 못하다가, 무슨 생각에서였는지 자리를 박차고 벌떡 일어나 무릎을 꿇고는 잘 알지도 못하는 신인 하나님에게 기도했다.

태어나서 기도를 해본 것은 그때가 처음이었고, 어디서 기도하는 것을 본 적도 들은 적도 없었기 때문에 계속해서 같은 말만 되풀이하고 있을 뿐이었다. 하지만 내 마음에 있는 말은 오직 그것 하나였고, 너무나 절박하고 간절했기 때문에 이 기도가 응답된다면 반드시 약속을 지키겠노라고 다짐했다.

사실 그렇게 불안해야 할 필요는 없던 상황이었다. 내 나이 20살 때 대학 아이스하키 선수였던 남편을 만나 7년이라는 오랜 시간동안 교제를 해왔고, 교제 기간이 길었던 만큼 양가 부모님들께서도 모두 우리의 결혼을 허락하신 상황이었다. 그럼에도 나는 왜 그렇게 불안했고 절박했으며, 그런 기도를 했었는지 나 스스로도 이해할 수가 없었다.

밤새도록 기도했던 그 다음날, 전날 충동적으로 기도했던 내 모습이 생각나 기분이 이상했다.

나는 하나님뿐만 아니라 신이라는 존재 자체를 믿지 않는 사람이었으며, 신을 믿지 않기 때문에 기도와도 거리가 먼 사람이었다. 불신 가정에서 태어나 기독교를 포함한 어떤 종교도 접해본 적이 없었다. 그것은 아마도 무신론자인 친정아버지의 영향이 크지 않았을까 싶다.

아버지는 일본 유학을 다녀오시고, 지극히 이성적인 분으로 서점을 운영하셨다. 아버지는 종교 자체를 좋게 여기는 분이 아니셨다. 때문에 우리 형제는 물론 다른 사람들에게도 종교인들에 대해 부정적인 말씀을 하곤 하셨다. 그중에도 특히 교회를 다니는 기독교인에 대해서는 의지가 약하고 주관이 없어 자기 관리를 제대로 하지 못하는 연약한 사람들이라고 하셨고, 그들은 부족함이 많아서 존재하지도 않는 신에게 매달리는 어리석은 사람들이라고 단정해 버리곤 하셨다.

나는 그런 아버지의 영향을 받아서 신을 믿는다고 하는 사람들은 비이성적인 사람들이라는 편견이 있었다. 당연히 하나님에 대해 몰랐고, 그날 충동적으로 기도를 하기 전까지 나는 하나님이라는 신과 아무 상관이 없는 사람이었다. 그런데 아무리 불안하다고 해도 현실적으로 이 일을 해결해줄 수 있는 양가 어른들에게는 아무 말 하지 않고, 왜 내 삶의 반경에서 단 한 번도 관심을 가져보지도 않고, 의지해본 적도 없었던 하나님에게 기도라는 것을 했을까?

내가 했던 행동이었지만 아무리 생각해봐도 이해가 되지 않았다. 결국 양가 어른들에게 임신했음을 말씀드렸고, 양가 어른들은 두말없이 결혼을 서둘러 주셔서 일이 수월하게 진행이 되었으며, 많은 사람들의 축복과 기쁨 속에 우리 딸이 건강하게 태어났다.

나는 결혼 전에는 결혼준비로 바빴고, 신혼 때는 새로운 생활에 적응하느라 정신이 없었으며, 아기가 태어난 후에는 아기를 돌보느라고 그날 밤의 기도는 까맣게 잊어버리고 말았다.

그런데 바로 그 날, 유치원 뒤에 있는 교회 건물을 보는 순간 그날이 생생하게 떠오른 것이다. 게다가 그날 내 기도의 주인공이었던 내 딸, 내 딸을 보낼 유치원을 찾던 중에 말이다.

기분이 이상했다. 하늘을 향해 높이 세워져있는 십자가를 보면서, 혹시 그날 내가 기도했던 하나님이라는 신이 정말 살아있는 분이고, 그분이 내 기도를 응답해줘서 내 딸이 이렇게 건강하게 태어났다면 그날 그 약속을 헌신짝처럼 잊어버린 나를 향해 경고하고 있는 것은 아닐까 싶었다. 아니 어쩌면 이미 무슨 징계를 준비하고 있는 것은 아닐까 두려웠다. 벌써 5년이라는 시간이 흘러버리지 않았던가. 혹시라도 내 딸에게 나쁜 일이 생길까 염려가 되어 당장에 교회를 가야겠다는 결심이 섰다.

어쨌든 약속은 지키다

 며칠을 기다려 일요일이 되었다.

약속을 지키겠다는 마음으로 교회 입구까지는 왔는데 들어가는 것은 또 다른 문제였다. 도저히 들어갈 수가 없었다. 사람들은 한쪽 손에 성경책을 끼고 아무렇지도 않게 교회 입구로 쏙쏙 잘만 들어가는데, 나는 교회라는 곳은 생전 처음이다 보니 도저히 그 안으로 들어갈 용기가 나지 않았다. 이럴 때 누군가 다가와 같이 들어가자고 말이라도 건네주면 좋으련만, 나를 향해 그런 말을 해주는 사람은 아무도 없었다. 입구에 서성이고 교회 주변을 맴돌기를 수차례 하다가 결국은 안으로 들어가지 못하고 발길을 돌려 집으로 돌아왔다.

마음이 무거웠다. 이렇게 시간만 흐르게 둘 수는 없었다. 나는 우리 딸을 지키기 위해 꼭 교회에 가야만 했다. 혹시라도 내가 약속을 지키지 않은 이유로 딸에게 무슨 나쁜 일이라도 생기면 나는 도저히 살 수 없을 것 같았다. 하지만 오늘과 같은 상황이라면 그 약속을 지킬 재간이 없었다. 오늘 이렇게 바보처럼 교회 주변만 맴돌던 내가 다음 주라고 갑자기 교회를 용감하게 들어갈 수 있을 것 같지는 않았다. 누군가에게 도움을 청하고 싶었지만, 주변에 교인이 없었다. 그래서 그저 걱정뿐이었다.

걱정 속에 3주가 흘렀다.

길을 지나는데 누군가 나에게 인사를 건넸다. 딸과 같은 유치원을 다니는 친구의 엄마였다. 같은 아파트에 살고 있어 오다가다 눈인사만 건네는 사이였는데, 항상 밝은 표정과 웃음 가득한 얼굴이 한결같아 참 느낌이 좋은 사람이었다. 길목에 서서 잠시 이야기를 나누던 중 그녀가 갑자기 물었다.

"혹시 교회 다니세요?"

"아니요."

다시 다급하게 말을 이었다.

"하지만 가고 싶어요."

그러자 그녀는 항상 짓는 웃음을 얼굴 가득 채우더니 말했다.

"그럼 다음 주일 우리 교회에 가실래요?"하며, 손가락으로 어딘가를 가리켰다.

3주전 내가 입구에서 한참 서성이다가 돌아와 버린 바로 그 교회였다. 그곳이 그녀의 '우리 교회'였던 것이다. 3주전, 나를 안으로 데리고 들어가 줄 사람을 그렇게 애타게 찾으며 기다렸는데, 드디어 그 사람을 만나게 된 것이다. 그렇게 해서 나는 드디어 신과의 약속을 지킬 수 있게 되었고, 우리는 주일 아침 이곳에서 만나기로하고 헤어졌다. 멀어져가는 그녀의 뒷모습을 보면서 내 입가에는 그녀보다 더 큰 안도의 미소가 번지고 있었다.

1985년 내 나이 서른이 되던 해에 드디어 교회에 첫 발을 내딛었다.

서울에 소재한 대형 교회였는데, 큰 규모와 엄숙한 분위기에 압도당한 나는 숙연함과 왠지 모를 격앙된 심정으로 생애 첫 예배를 드렸다. 난생 처음 접해본 다른 세계에 대한 기대감으로 목사님의 설교에 귀를 기울였지만, 내가 이해하기에는 너무 어렵다 보니 지루함이 느껴지고 급기야는 실망감까지 들었다.

하지만 상관없었다. 나는 하나님이라는 신과의 약속을 지켰고, 그 덕분에 우리 가정 특히 내 딸에게는 아무 문제가 없을 거라고 안심하며 나를 위안했다. 누군가의 첫 신앙생활은 무척이나 뜨겁다고 하던데 내 신앙의 첫 날은 그렇게 덤덤하게 시작되었다.

시작이 덤덤했던 만큼 그 이후로도 차지도 덥지도 않은 미지근한 신앙생활을 이어갔다.

주일이 되어 별다른 일정이 없으면 교회를 갔고, 여행이나 다른 일정이 생기면 그 일을 우선순위에 두고 큰 고민 없이 주일을 어겼다.

처음에는 이래도 되나, 약속을 이런 식으로 지켜도 되나 싶었지만, 주일을 어기는 일이 반복될수록 그런 마음도 희미해졌다. 주일날 내 약속을 성실하게 지키지 않아도 우리 가정에 나쁜 일이라곤 생기지 않았고, 여전히 화목하고 행복했기 때문이었던 것 같다. 하나님이라는 분이 이런 내 모습을 보고도 전혀 괘념치 않는 분이시거나, 나와의 약속을 기억하지 못하시거나, 그도 아니면 내 인생에 별다른 관심이 없는 분이라고 생각했다. 그 당시 우리 가정에 나쁜 일이라곤 전혀 없고 그저 행복하고 즐거웠기 때문이었다. 그분은 간섭하기를 원치 않는 분이실 것이라고 생각했다. 그런 2년이 순식간에 흘러갔다.

거절을 경험하다

그러던 어느 날 갑자기 남편의 일이 삐거덕거리기 시작했다. 남편은 중학교와 고등학교 시절을 거쳐 대학 시절에도 아이스하키 선수로 살아왔고, 졸업 후 모교에서 아이스하키 코치로 일하고 있었다. 우리나라에서 아이스하키는 많은 관심을 받는 종목은 아니지만, 남편은 아이스하키를 무척 사랑했고 평생 그 일만하며 살고 싶어 하는 사람이었다. 그런데 선수가 아닌 지도자로 일하게 되면서 이해가 안 되는 현실에 직면하곤 했고, 흔히 말하는 관행이라는 것에 자기 소신을 지키다가 갈등을 빚었던 것이었다. 결국 그 사랑하던 모교를 떠나야만 하는 상황에 놓이게 되었다. 하지만 남편은 실망하지 않았고, 오히려 걱정하는 나를 안심시켰다.

"걱정마, 내가 갈 자리는 얼마든지 있어"

그 말이 호언장담이 아닌 것은, 남편은 실력도 좋았고, 인간관계도 역시 좋아서 그를 아끼는 선배들이 많았다. 그의 말대로 그를 채용해줄 곳은 얼마든지 있고, 자리를 구하는 것은 시간문제일 뿐이라고 생각했다. 그리고 그 믿음처럼 남편은 오래지 않아 새로운 코치 자리를 구했다. 하지만 세상 일이 생각처럼 쉽지만은 않다는 것을 깨닫는 것에도 역시 그리 오랜 시간이 걸리지 않았다.

남편이 새로운 직장에 출근을 하려고 준비하던 아침이었다.

아침부터 난데없이 전화벨이 울렸다. 거울을 보며 옷매무새를 만지던 남편이 전화를 받았다.

"네? 언제까지요? 이유가 뭡니까?"

전화를 끊고는 의자에 몸을 던지듯 털썩 주저 앉아버렸다.

"여보, 무슨 일이에요? 무슨 전환데 그래요?"

"출근이 잠정보류됐대."

머리를 감싸 쥔 남편은 그 후 입을 닫았다. 이해할 수 없는 일이었다. 남편이 적임자라며 너무나 마음에 들어 했고, 즉각 채용이 결정되었던 것이 불과 며칠 전이었는데, 갑자기 출근 첫날 상황이 바뀌었다며 채용을 보류한다는 전화를 준 것이었다.

인력을 채용하는 것이 이렇게 아무 계획 없이 운영될 수 있는 일인가 싶어 화가 났지만 어쩔 수 없었다. 채용취소가 아니고 잠정보류라 했으니, 시간이 지나면 다시 부를 수도 있다고 생각하며 기다려보기로 했다. 상황이 갑자기 나빠진 것이라면 다시 갑자기 좋아질 수도 있는 것이니 말이다.

기다리는 시간은 쉽지 않았다. 그래도 기다리는 것 외에는 길이 없으니 한참을 기다렸지만 그곳에서는 아무런 연락이 없었다. 초조한 기다림 끝에 실망감에 빠져있던 남편은 다시 일어났다. 그때까지만 해도 우리는 남편 정도의 실력과 인맥이라면 눈높이의 문제이지 자리를 구하는 것은 어렵지 않을 것이라고 생각했다. 욕심을 버리고 아이스하키 하나만 생각한다면 남편이 갈 수 있는 자리는 얼마든지 많다고 생각했다.

하지만 아니었나보다. 도무지 일이 구해지지 않았다. 마치 누군가 남편의 길을 결사적으로 막고 있는 것처럼 모든 자리가 막혀있었다. 취업의 문이 열릴라 치면 갑자기 닫히고, 다시 기회가 될 것인가 싶으면 사라져버렸다.

결국 우리가 아는 길은 모두 막혀버렸고, 남편이 깨달은 것은 아무도 그를 찾는 이가 없다는 사실 뿐이었다. 일자리를 구하려고 노력하면 할수록 그 비참한 사실만 더욱 명확하게 확인할 뿐이었고, 남편의 자신감도 급격히 무너져 내리고 있었다. 남편의 그런 모습을 지켜보는 것이 너무 가슴 아팠지만 내가 도울 수 있는 길이 없었다.

그때 머리에 번쩍 떠오르는 것이 있었다.

딸을 뱃속에 담고 절박하게 했던 그것, 바로 기도였다. 다시금 그때처럼 절박해진 나는 기도와 하나님을 동시에 떠올렸다. 그때도 내가 기도한 그대로 이루어졌으니, 이번에도 기도하면 그때처럼 이루어질 수도 있는 것 아니겠나 싶었다. 죄책감 없이 주일을 어겼던 나이지만, 그래도 약속을 완전히 어긴 것은 아니지 않던가. 그래서 이제는 주일도 아닌 평일에 교회로 뛰어 들어가 온 마음을 다해 간절하게 기도했다.

'남편 직장을 회복시켜 주세요. 저렇게 실망스러워하는 것을 보기가 어렵습니다. 도와주세요.'

그런데 문득 이런 위기가 온 것이 내 나태한 신앙생활 때문은 아닐까하는 생각이 들었다.

혹시나 싶어 성경을 펼쳤는데 차지도 뜨겁지도 않은 그저 미지근한 신앙생활을 하는 내 모습을 보기라도 한 듯 성경에는 "차지도 더웁지도 아니하니 내 입에서 토하여 버리리라"(요한계시록 3:16) 라는 구절이 있어 깜짝 놀랐다. 하나님이 그런 내 모습을 괜찮다고 용인해주시거나, 모르셨거나, 관심이 없으신 것이 아니었다는 생각에 두려워져 용서를 구했다. 사실 깊은 깨달음 따위는 없었지만 내 신앙생활이 잘못된 것이었다는 생각이 어렴풋이 들어 잘못했다고 기도했다.

하나님은 그때 내 삶에 개입하고 계심을 알려주셨지만 내 영적 상태는 그런 것을 깨닫기에는 너무나 둔했다. 그저 이렇게 간절히 기도하고 잘못했다며 용서도 구했으니 남편의 직장이 회복되겠거니 하는 막연한 기대만 했을 뿐이었다. 하나님이라는 신이 내 딸을 위한 내 기도를 그대로 이루어주셨듯이 말이다.

그런데 시간이 지나며 이번에는 그때와 다르다는 것을 깨달았다. 아무리 애타게 기도해도 그 분이 돌아선 것 같았다. 남편을 불러주는 곳은 그 어디에도 없었다. 실망스러운 현실이었지만 그렇다고 주저앉을 우리는 아니었다. 기회는 언젠가는 반드시 오게 되어있다. 다만 그 때만 기다리면 된다고 생각했다. 다만 마냥 기다릴 수 만은 없으니 무슨 일이든 시작해보기로 했다.

평범한 샐러리맨 생활을 해볼까도 생각해봤지만, 그러기에 남편의 나이가 적지 않았고, 아이스하키 코치직을 다시 맡을 수 있다는 기대감을 완전히 버리지 못한 상태였으니, 조직생활에 적응이 쉽지 않을 것 같다는 걱정 때문에 우리는 장사를 시작해보기로 했다.

그렇게 해서 시작한 것이 커피숍이었다.

당시 서울역 앞에 대기업에서 분양중인 대형 빌딩이 있었는데, 그 상가 지하에 규모가 꽤 큰 매장을 얻기로 했다. 서울역은 원래 유동인구가 많은 곳이고, 그 빌딩에 사무실이 많으니 사람 모을 걱정할 필요가 없을 것이라는 생각이 들었다. 그 빌딩 사람들이 사람 만날 일이 있으면 지하로 내려오지 밖으로 나가지는 않을 것이라는 계산과 함께 사람들로 복작거리는 커피숍이 눈에 선하게 그려졌다.

옛말에 우물에서 숭늉 찾는다고 하던가, 우리가 꼭 그랬던 것 같다. 우리는 빠르게 임차를 결정하고 가게 인테리어도 끝내고 장사를 시작했는데, 사무실 분양은 일정에 차질이 생기고, 입주가 늦어지면서 그 큰 빌딩이 비어있는 채로 시간이 흘러갔다.

우리는 어서 빨리 이 높고도 넓은 빌딩에 사람들로 채워지기를 매일 기도했지만, 그 기도는 허공에 날아가는 먼지와도 같았다. 사람이 복작거리는 커피숍을 상상했던 우리는, 텅텅 비어있는 커피숍의 넓은 공간을 멍하니 보고 있는 시간이 대부분이었고, 그 공간을 보고 있는 마음은 괴롭기가 이루 말할 수가 없었다. 장사는 매일 허탕치고 있었지만, 가게 임대료와 관리비는 허탕이 없었다. 수입이 거의 없음에도 상당한 금액을 매달 지불해야만 했다. 그런 시간이 일 년이 흐르자 더 이상 우리는 버틸 여력이 없어졌다. 물질적인 손해는 물론 정신적으로도 너무나 피폐해진 채 백기를 들고 빈손을 쳐든 채 그곳을 포기하고 떠나올 수밖에 없었다.

그렇게 다시 3년이 천천히 흘렀다.

우리는 커피숍 외에도 이것저것 일을 시작해봤지만 손을 대는 족족 실패만 경험했고, 더 이상은 그 무엇도 새로이 시작할 자신이 없었다. 무엇을 해도 우리를 뱉어내는 이 땅, 우리의 실패만 기억하고 있는 사람들에게서 떠나버리고 싶었다. 이곳 말고 새로운 땅, 우리를 받아주고, 우리의 실패를 모르는 그곳에서 심기일전하여 다시 시작해보고 싶었다.

처음으로 서원기도를 하다

결혼한 지 14년째인 1994년, 고민 끝에 이민을 결심했다.

어디로 갈까 고심하다가 심정적으로 가까운 미국으로 결정을 했다. 친정오빠가 미국 필라델피아에 살고 있다는 것도 결정에 한몫을 했다. 이번에 시작하는 일, 즉 이민은 실패하지 않기 위해서 이민을 실행에 옮기기 전 미리 필라델피아를 사전 답사하고자 오빠를 방문하기로 했다. 그런데 당시 우리나라에서 미국 필라델피아로 가는 직항이 없었고, LA나 뉴욕을 경유해야만 했다.

어디를 경유할까 생각하다 LA에 살고 있는 남편의 친한 선배를 만나 볼 겸 LA에서 3일을 머물 수 있도록 비행기 표를 예매했다. 마음 편하게 여행으로 가는 것이면 좋으련만, 여러 번의 실패후 다시금 성공이 보장되지 않은 길을 향한 출발이라서 마음 무겁게 비행기에 올라탔다.

미국 LA 공항에 내리자 남편의 선배는 우리를 너무나 반갑게 맞아주었고, 필라델피아보다 한인들이 많이 살고 있는 LA가 정착하는데 더 수월할 수도 있다는 충고를 들려주었다. 아무래도 미리 경험해 본 사람이고, 남편을 아끼는 선배의 충고이기에 조언 하나하나를 마음 깊이 담아두었다. LA를 거쳐 원래 목적지인 필라델피아도 찾아가 둘러보기는 했는데, 역시 선배의 말이 틀린 것은 아니었다는 생각이 들어 우리는 원래 계획이었던 필라델피아가 아닌 LA에 정착하기로 결정했다.

이왕 이민을 결심한 마당에 지체할 필요가 없다는 생각에 남편은 LA에 남아서 우리 가족이 살 집을 장만하고 이후 생활을 준비하기로 했고, 나는 한국으로 돌아와 모든 일을 정리하고 몇 달후 아이들과 함께 미국으로 들어갔다.

처음부터 이민을 예정했지만, 영주권을 받은 것은 아니었고 관광 비자로 입국을 했었다.

즉 미국에 합법적으로 거주할 수 없는 불법이민자였던 셈이다. 하지만 그때는 지금과는 상황이 많이 달라서, 불법 이민자라도 현지에서 합법적으로 정착할 수 있는 길이 열려있었고, 관광 비자를 연장하거나 다른 종류의 비자로 변경하는 이민대행업체들이 많이 있었다. 우리 역시 그 길을 두드렸는데, 신실하고 유능한 변호사를 만나서 매우 수월하게 일을 처리할 수 있었다. 한국에서 매번 실패하며 마음고생을 했던 것에 비해 영주권 신청과 처리가 일사천리로 진행되자, 우리는 기분 좋은 시작에 기뻐할 수 있었다.

이민생활을 해본 사람은 알겠지만, 한국에서 교회를 다니지 않던 사람들도 이민을 오면 교회를 나가게 되어 있다. 말이나 문화가 통하지 않는 타국생활의 외로움을 달래고 싶어 한국인들을 찾게 되고, 허허벌판 의지할 곳 없이 막막한 마음에 의지할 사람을 찾으려는 절박함 때문이다.

나는 다행히 한국에서 교회를 다녀봤고, 몇차례 사업 실패를 통해 사는 것이 호락호락하지 않다는 것을 경험한 터라 자연스레 교회를 가기 시작했다. 물론 내 힘으로 되지 않는 여러 일을 경험한 후 하나님에게 매달리고 싶은 간절함도 가득했다. 그 간절함이 얼마나 컸던지 주일성수도 등한시 하던 내가 새벽기도까지 참석하기 시작했다.

한국에서는 힘이 되어주는 부모님도 계셨고, 남편의 인맥도 있었으며, 언어도 통했고, 사회 전반에 대해서도 잘 알고 있었지만 이곳은 달랐다. 우리를 도와줄 부모님도 없었고, 아는 이들도 제한되어 있었으며, 언어도 문화도 아무것도 익숙하지가 않았다. 밖에 문을 열고 나가는 것 자체에 준비와 용기가 필요했다. 무엇부터 어떻게 시작해야 할지 모르는 상황 가운데 연약한 믿음만을 가지고 주님만을 바라보게 되었고 새벽마다 낯선 타국 땅에서 우리 가족을 인도해 주시고 지켜주실 것을 간절히 기도하게 되었다. 그렇게 두 달이 지나고 있었다.

새벽 5시에 알람을 설정해두고 자고 있는데, 그날은 5시 훨씬 전에 잠에서 깨었다. 5시가 되려면 시간이 꽤 많이 남아있기에 좀 더 눈을 붙여야겠다 싶어 거실에서 다시금 잠을 청했는데 갑자기 누가 초인종을 눌러 잠에서 퍼뜩 깨어났다. 어찌나 크게 들렸는지 깜짝 놀라 벌떡 일어나 문을 열어 보았지만 아무도 없었다. 도대체 몇 시인데 무례하게 남의 집 초인종을 눌렀을까 싶어 시계를 보니 새벽기도에 갈 시간이라 옷을 주섬주섬 챙겨 입고 나오면서도 의문이 생겼다.

"혹시 하나님이 깨워 주신 것은 아닐까?"

답을 얻을 수 없는 의문이지만, 문득 정말 하나님은 살아계시는 분인지, 살아 계신다면 어떻게 해야 만날 수 있는지 궁금해졌다. 꼭 만나고 싶다는 생각이 들었다. 하지만 그게 가능한 일이던가. 고개를 가로저으며 중얼거렸다.

'아니야! 어떻게 보이지도 않는 하나님을 만날 수 있겠어! 도저히 만날 수도 알 수도 없을 거야!'

내 말이 내 귀에 들리는 순간 갑자기 답답해졌다.

이 상황에 믿을 것은 하나님뿐인데, 그분이 살아 계시는지도 확실히 모르겠고, 만날 수도 없는 분이라는 것은 너무 답답했다. 제발 그분이 살아계신 분이셨으면 좋겠고, 꼭 만나고 싶다는 소원이 강하게 일었다. 그리곤 짝사랑의 열병처럼 마음이 뜨거워지고 열렬한 사모함이 생겨났다. 마치 연인을 너무나 그리워하는데, 그는 도저히 찾아갈 수 없는 먼 곳에 있어서 절대 만날 수 없을 거라는 생각이 들 때 찾아올 법한 아리고 고통스러운 마음이었다. 단 한 번도 보지 못한 상대를 향한 이런 내 마음이 너무 의아했다. 너무나 강렬한 마음이었지만, 그 그리운 상대를 만나지 못한 채 그저 기다리며 시간이 흘러갔다.

미국에서 우리는 새로운 마음으로 사업을 시작했다.

남편의 지인이 하던 미용 재료(가발이 대부분)를 파는 뷰티샵을 인수받았고, 생각보다 어렵지 않게 자리가 잡혀갔다. 언어가 통하지 않아서 기막힌 실수가 너무도 많았지만, 그래도 가게 운영은 괜찮아서 경제적으로 안정된 생활을 영위할 수 있었다.

아이들은 중고등학교에 진학하면서 보다 좋은 환경과 학군을 찾아 좋은 지역으로 일찌감치 이사도 한 터였다. 나는 가게에서는 열심히 일하고, 주일에는 교회에서 성실하게 봉사했으며, 말씀에 순종하여 십일조와 감사헌금을 드리는 것에도 인색하지 않았다. 나 스스로 이만하면 믿음생활을 잘 하고 있다고 만족했고, 삶도 성실하게 살고 있어 꽤 괜찮은 신앙인이라 평가하고 있었다. 우리 가정의 모습도 다시금 예전처럼 풍요롭고 화목했으며, 누구나 부러워할 만한 외양을 갖추고 있었다.

　하지만 그것은 외적인 모습뿐이었다.

　하나님을 뜨겁게 사랑하는 것 같았지만, 사실 기복신앙에 머물러 있었다. 하나님과의 인격적인 교제가 아닌 내 불안한 삶을 의지할 수 있고, 복을 줄 전능한 존재를 받들고 있을 뿐이었다. 그래서 내 기도는 항상 비슷했다.

　'하나님, 응답주시고 확신 주시옵소서!'

　기도가 부족해서 응답이 없을까봐 죽기 살기로 매달렸다. 원하는 응답을 얻을 때까지 포기하지 않고, 하나님께 보챘고, 재촉했고, 설득했다.

　내가 기도한 그 일이 현실이 되면 응답이고 확신이었다. 물론 교회에서는 하나님은 인격체이시라는 말을 들었으며, 나 역시 인격적으로 하나님을 믿고 있다고 생각했다. 내 신앙의 외적 모습은 절제되고 정도를 지키고 있었으며, 가끔 뜨거운 감정을 절제하지 못하는 사람들을 볼 때는 잘못된 태도라며 마음으로 경시하곤 했다. 한국에 살 때 차지도 뜨겁지도 않은 내 신앙이 잘못된 것이라 회개했었음에도 내 중심의 태도는 변하지 않고 있었나보다. 즉 나의 교회 생활은 그전보다 성실해지기는 했지만, 사실 그 내면은 한국에서와 별로 다를 것이 없는 모습이었다. 그래도 나는 내 신앙생활에 아무 문제도 없다고 생각하면서 다시 5년이 지나고 있었다.

그래도 다행인 것은 성실해보이는 교회생활 덕에 믿음의 동역자들을 만날 수 있었다는 점이다.

그 당시 가까이 지내며 신앙적 교제를 나누던 선교사님도 그 중에 한 분이셨다.

중국에서 사역을 하셨던 분이셨는데, 선교사님은 나를 포함한 몇 명이 모인 기도 모임을 이끌어 주셨다. 그날도 선교사님과 함께 기도모임을 하던 중이었고 다른 날과 별로 다르지 않은 평범한 날이었다.

그런데 갑자기 내 머리와 가슴이 불에 덴 듯 뜨거워지더니, 눈에서는 뜨거운 눈물이 줄줄 흐르기 시작했다. 가슴에는 말로 표현할 수 없는 벅찬 감격으로 채워짐과 동시에 단 한 번도 경험하지 못했던 평안이 찾아왔다. 성령께서 내주하신 것이라고 했다.

언젠가 새벽녘 하나님을 만나고 싶다고 예수님을 구세주와 주님으로 영접했던 그날의 간절했던 순간이 떠올랐다. 사랑하지만 만날 수 없는 연인을 애타게 그리워하던 내가 비로소 그 연인을 만나게 된 것 같았다. 감격에 버거워 그 분을 마음껏 불러보았다. 그렇게 부를 때마다 눈물이 왈칵 쏟아져 눈을 크게 떴다가, 얼굴을 하늘을 향해 바라보는 등 절제하려고 애를 써봤지만 눈물도 구원의 감격도 절제할 수가 없었다.

하나님을 만난 이는 누구나 알 수 있지만 세상에서는 절대 경험할 수 없는 특별한 것이었다. 그 이후에는 세상이 다르게 보였고, 관점이 달라졌다. 판단의 많은 것이 그분 위주로 변했다.

교통체증도 그분과 함께라면 싫지 않았다.

집에서 가게까지 출근하려면 대개 한 시간 정도가 소요되지만, 차량이 많거나, 사고가 있거나, 비라도 내리는 경우에는 대개 한 시간 반 이상이 걸렸다. 남들은 교통체증이 심해지면 아까운 시간과 에너지를 길바닥에 쏟아 붓는다고 짜증과 푸념이었지만 나는 그 시간이 너무 좋았다. 내가 운전하는 차 속은 오직 나만의 공간으로 마음껏 소리 내어 기도하고 찬양할 수 있는 은혜의 장소였다.

언젠가 폭포같은 비가 내리던 주말 저녁, 교통정체가 극심했고 차들은 사고가 날까 조심해서 운행하고 있었다. 비로 인해 칠흙같이 어두운 밤, 수많은 차의 후미등만 가득한 길을 운전하다가 문득 이런 생각이 있었다.

'이대로 저 불빛들을 따라 끝없이 가고 또 가다보면 주님이 계시는 저 천성 문에 다다를 수 있을까? 아! 주님이 계신 곳에 가고 싶다! 그곳에 다다르면 그분은 반갑게 맞이하며 나의 두 손을 잡아주시겠지!'

상상만으로도 감동이 되어 찬양과 기도를 하고, 주님을 큰소리로 부르며 혼자만의 부흥회를 가졌다.

평소보다 늦게 집에 도착했지만, 너무나 충만해진 감동을 끊고 집에 들어가는 것이 아쉬워서 집 주위를 돌고 돌기를 몇 바퀴 한 끝에 시동을 끄고 차에서 내릴 수 있었다. 결국 너무 늦게 집에 들어간 나를 걱정하던 남편에게 한바탕 야단을 들어야만 했지만, 그럴수록 말하지 않은 기쁨의 비밀을 마음에 품고 있어서 행복하기만 했다. 예전에 감정을 절제하지 못하는 사람들을 보면서, 그들의 태도는 잘못된 것이라고 경시했던 내가 얼마나 무지한 것이었나 싶었다. 이제야 비로소 그들이 이해가 되었다.

그 다음날도 전날처럼 많은 비가 내렸다.

어제 못다한 부흥회를 다시금 시작하고자, 주님을 마음껏 소리쳐 불러보았다. 그러자 온몸이 뜨거워지더니 차 안에는 내가 뿜어내는 열기로 후끈 달아올랐다. 곧이어 열기만큼이나 뜨거워진 내 가슴과 입술에서 서원기도가 흘러나왔다.

'하나님 이제 남은 삶은 죽어도 주를 위해 죽고 살아도 주를 위해 살겠습니다. 오직 내가 만난 주님을 증거하고 간증하는 삶을 살 것을 서원합니다.'

내 입에서 흘러나온 기도를 듣고는 깜짝 놀라 얼른 손으로 내 입을 막았다. 도대체 내가 무슨 소리를 하고 있나 싶었다.

'하나님, 이거 제 진심이 아닙니다. 아직 접수되지 않은 기도라면 취소하겠습니다.'

내 입술에서 나온 고백인 것은 맞지만, 내 이성은 아직 그럴 준비가 되어 있지 않았다. 그런데도 이상한 일은 가슴에서는 그 이성과는 정반대의 말을 하고 있었다.

'그렇습니다. 하나님 그리하겠습니다. 나를 드립니다. 나의 남은 삶을 드리겠습니다.'

마음 가운데 성령님께서 강권하시는 것이라는 생각에 입술을 막고 있던 내 손을 천천히 내려놓았다. 그리고 이번에는 이성이 포함된 확신과 결단으로 주님을 증거하고 간증하는 삶을 살기 위해 남은 삶을 드린다는 서원기도를 진지하게 드렸다.

이윽고 가게에 도착해서, 가게 문을 열고 손님맞을 준비를 하면서 의아한 마음이 들었다. 너무 뜨거워진 마음에 서원기도를 하기는 했지만 무엇으로 주님을 간증할 수 있을까 싶었다.

나는 내세울 것도, 자랑할 것도, 지금까지 이룬 것도 아무것도 없는 사람이었다. 나의 존재는 지극히 평범한 아니 지극히 작은 일에 봉사하고 있는 정말 부족하고 보잘 것 없는 사람에 지나지 않았다. 하나님을 만난 뜨거운 경험은 했지만, 영성도 없고, 내적인 지성이나 덕을 겸하지도 못했고, 가족끼리 먹고 사는 정도일 뿐 하나님의 축복이라고 자랑할 만한 경제적인 풍성함까지 있는 것은 아니었다. 더구나 내게 영적 영향력을 끼쳐줄 가족이나 친척도 전혀 없었다. 정말 나는 아무것도 없는 사람이었다. 내 처지를 생각할수록 이상했다.

그래서 기도하기 시작했다. 성령님께서 내 마음에 강권적으로 역사하신 것이라면, 도대체 왜 그러셨는지 알고 싶었다. 세상에는 나보다 나은 사람들이 정말 너무도 많았다. 나는 어느 면에서도 자랑할 것이 없었다. 그런 나를 도대체 왜? 나를 사용할 마음이시라면 그건 효율적이지 못했다. 이미 좋은 조건이 갖추어진 사람을 사용하는 것이 하나님에게도 이득이라는 생각만이 맴돌았다.

그런데 무거운 큰 책이 내 앞에 가로 놓여있다는 느낌이 들더니 그것을 펴서 읽어보라는 말씀을 하시는 것 같았다. 무작정 성경을 펼쳐서 읽다가 고린도전서 1장에 눈이 멈췄다. 그래서 1절부터 천천히 읽어가는 데 26절에 이르자 말씀들이 레마(Rhema)로 들려오기 시작했다.

"형제들아 너희의 부르심을 보라. 육체를 따라 지혜로운 자가 많지
아니하며 능한 자가 많지 아니하며 문벌 좋은 자가 많지 아니하도
다. 그러나 하나님께서 세상의 미련한 것을 택하사 지혜 있는 자
들을 부끄럽게 하려 하시고 세상의 약한 것들을 택하사 강한 것들
을 부끄럽게 하려 하시며…" 고린도전서 1:26~27.

하나님이 사람을 선택하셔서 부르시는 방법은 세상의 그것과 달랐다.

부족한 자, 바로 나 같은 사람을 부르신다고 했다. 말씀에 있는 모든 구절이 나와 꼭 닮아있었다. 미련하고 약한 나. 지혜도 문벌도 없는 나. 아무것도 아닌 나. 그런 자 바로 나를 찾으시고 부르시고 있다는 것이다. 이제는 14장 1절 말씀이 두 번째 레마로 들려졌다.

"사랑을 추구하며 신령한 것들을 사모하되 특별히 예언을 하려고
하라" 고린도전서 14:1.

그리고 연이어 또 다른 그리고 마지막 레마의 말씀 14장13절이 가슴에 부딪혔다.

"그러므로 방언을 말하는 자는 통역하기를 기도할지니…"고린도전서 14:13.

특별한 말씀으로 내 영에 다가왔지만, "특별히 예언을 하려고 하라"라는 것은 아무래도 나와 맞지 않는다는 생각이 들었다.

앞에서도 밝혔지만, 나는 무교에 이성을 중시하는 아버지의 교육을 받으며 자란 탓인지, 예언, 계시, 투시의 은사가 있다는 이들에 대해 편견이 있었다. 그들은 한쪽으로 치우친 신앙생활을 하고 있으며, 빛이신 성령께서 함께하시면 그런 은사들은 필요 없다고 생각하고 있었다. 그런 내게 "예언을 하려고 하라"는 말씀이 레마로 임한 것이다.

이해가 되지 않아 혼자 끙끙거려봤지만 도무지 알 수가 없어 며칠 후 내게 일어났던 일을 목사님께 말씀드리고 뜻을 여쭈었다. 목사님께서는 성경을 기본으로 정확하게 설명해주셨고, 그 이후 비로소 그 의미를 깨달을 수 있었다. 이 구절에서 지칭한 예언이란 어떤 특별한 은사를 가리키는 것이 아니라, 전도하라는 것으로 영혼 구원을 위해 전도할 때, 깨달은 하나님의 말씀으로 권면하는 것이며 예언의 의미는 곧 말씀이라고 하셨다. 목사님의 말씀을 듣고 다시 한 주간 동안 레마로 들려진 말씀들을 묵상하면서 서원기도를 하게 하신 하나님의 뜻을 깨달았다.

나는 사람들을 권면하고 주님을 증거하는 간증자로서 사는 것이 소명이라는 생각이 들었다. 세상일이 아닌 하나님 역사의 간증자로 부르심을 받을 것임에 대한 기대가 생겨났다. 아울러 그

부르심을 통해 현재의 내가 처한 어려움에서 구원받을 것이라는 기대도 함께 부풀었다. 즉 하나님을 만났으니, 내 인생의 모든 문제가 술술 풀려갈 것이라고, 이제 고생은 끝이라고, 곧 누가 봐도 축복을 받았다고, 하나님께 영광을 돌리는 삶이라고 칭찬해줄 좋은 날이 올 것이라고 생각했다. 지금에 돌이켜 생각하면 그것이 그 당시 내 영적 수준이었다.

하나님은 나를 사랑하시고, 기꺼이 내 죄를 감당해주신 분이셨지만 결코 내 눈치를 살피거나 무르게 판단하는 분이 아니셨다. 나에게 사명을 주신다는 것은 내 인생에 고난을 모두 면제해주시겠다는 핑크빛 약속이 아니라, 다가올 훈련의 때를 감당할 수 있도록 뜨겁게 부어주시는 은혜였다. 그래도 이 경험 덕분에 나는 과거에는 이해하지 못하고, 상대적 우월감마저 느끼던 뜨거운 신앙을 깊이 이해하고 간절히 사모하기 시작했다. 그리고 마침내 나를 오랫동안 기다려오시던 하나님께서 내 옛사람의 습성과 모난 성품을 다루시기 위한 혹독한 훈련 과정이 시작되었다.

"내 형제들아. 너희가 여러 가지 시험을 당하거든 온전히 기쁘게 여기라. 이는 너희 믿음의 시련이 인내를 만들어 내는 줄 너희가 앎이라. 인내를 온전히 이루라. 이는 너희로 온전하고 구비하여 조금도 부족함이 없게 하려함이라" 야고보서 1:2~4.

그날부터 하나님은 내게 고난을 피해가게 하시는 것이 아니라 돌파(Break Through)하게 하셨다.

내 모습에 있어서 가장 변화되지 않는 것들, 내 의지만으로 꺾을 수 없는 것들, 절대로 바뀌지 않을 것이라 여겨지는 것들, 절대로 할 수 없다고 하는 것들을 차례차례 통과하도록 하셨다. 대부분 너무 고통스러워 감당하기 어려웠고, 인내라는 말보다는 그저 다른 길이 없기에 버틸 수밖에 없었으며, 몸도 마음도 지쳐갔지만 그 고통스러운 시간을 통해 고상한 줄 알았던 내 부패한 진짜 모습을 직시할 수 있었고, 하나님이 변화되게 하셨으며, 변할 수 있다는 사실을 끊임없이 보여주시며 나를 이끌어 오셨음을 고백한다.

영적 싸움을 체험하다

 고통의 시간을 견딜 수 있는 힘 중에 하나는 내 평생 그 이전에도 그리고 그 이후에도 경험해보지 못했던 영적인 체험들이었다.

그 체험 중에는 내가 원하지 않는 것들도 있었지만, 필요 없는 것은 아무것도 없었다.

그날도 바로 그런 경험이 있었던 날이었다.

가게를 지키며 혼자 기도를 하던 중이었다. 모든 것이 여느 날과 다름이 없었고, 다만 다른 것은 내 기도의 목소리와 내용이었다. 분명히 내 목에서 내 입술을 통해서 기도를 하고 있건만, 내 성대를 빌어 다른 사람이 말을 하고 있는 것 같았다. 다른 사람의 목소리였고, 내가 원하지 않는 내용의 기도와 말이 나오고 있었다. 기분이 너무 나빠서 기도를 중단하고 벌떡 일어나 버렸다. 그러자 그 이상한 목소리도 이야기도 더 이상 나오지 않았다.

그 다음날이었다.

가게에서 다시 기도를 하는데, 이번에 역시 그 전날과 똑같은 일이 벌어지기 시작했다. 이번에도 나는 기도를 중단하고 벌떡 일어나버렸다. 그런 일이 며칠간 반복되었다. 기분이 섬뜩하고 어떻게 표현할 수 없이 불결하고 나빠서 기도마저 하기 싫어졌다. 하지만 기도를 중단하는 것으로 이 이상한 일을 마냥 피해만 갈 수는 없다는 생각이 들었다. 그리고 하나님을 이렇게 사랑하고, 성실한 믿음 생활을 하고 있다고 생각하는 나로서는 절대 인정하고 싶지 않았지만, 내 안에 어둠의 영이 있다는 생각이 들자 마음이 힘들어 견딜 수가 없었다.

어떻게 해야 할지 몰라 성경을 펼쳐 읽었다.

성경에는 바울이 성령의 도우심을 구하며, 예수의 이름으로 점을 치는 노예소녀 안에 있는 악한 영을 쫓아내었다는(행16:18) 구절이 있었다. 내가 바울은 아니지만, 예수의 권세를 믿고 내 안에 있는 어둠의 영들은 떠나가라는 축사 기도를 했다. 하지만 그 영들은 그렇게 쉽게 나를 떠나가지 않았다. 그들은 불신자로 구원받지 못하고 돌아가신 친정아버지, 큰언니, 사촌오빠 그리고 7개월 만에 조산으로 죽은 나의 둘째 딸 아이를 가장한 채 내 목소리를 빌어 자신을 밝히며 나를 저주하고 세상 넋두리를 늘어놓기를 그치지 않았다. 내가 아무리 쫓아내려고 몸부림을 쳐도 3일간 떠나가지 않고 나를 괴롭혔다.

4일째가 되던 날, 나를 괴롭히는 원수 마귀들에게 분노가 끓어올라 그 악한 것들이 뿌리째 뽑혀 나갈 때까지 쫓아내고야 말겠다고 작정하며 새벽부터 가게로 나왔다.

운전을 해서 오는 길에도 악령은 계속 역사해서 브레이크 페달을 밟으려는 내 의지와 달리 자꾸 엑셀을 밟는 등 이상한 일은 계속 벌어졌다. 가까스로 가게에 도착해서는, 예수의 이름으로 원수 마귀들은 떠나가라고 축사 기도를 하는데, 불안증세 같이 가슴이 두근거리기 시작했다. 마치 큰 잘못을 저지른 후 숨기고 있는데, 누군가에게 들킬까봐 안절부절 못하고 있는 것 같은 기분이 들며 심장이 점점 더 심하게 쿵쾅거렸다. 그리고는 이윽고 입에서 다시 악령의 소리가 나왔다.

"나는 속이는 영이다. 여기는 너무 뜨거워서 도저히 못 있겠다. 니가 예수의 이름과 보혈을 불러대는 통에 정신이 사나워 못 있겠다. 너 때문이 아니라 너를 돕는 성령의 불이 마구 들어와 쏟아지는 통에 너무 뜨거워서 내가 나간다"며 비명을 질러대더니, 누군가 나를 세게 밀쳐내는 느낌이 들고, 그 충격으로 바닥에 쓰러져버리고 말았다. 이럴 때 정신을 잃으면 안된다는 생각에, 곧바로 일어서는데 내 눈앞에는 더 이상한 것이 보였다.

큰 불덩어리가 저 멀리서 쏜살같이 나를 향해 다가오고 있었다. 그 불덩이가 가까워질수록 하나로 보였던 것이, 셀 수없이 많은 불덩이가 되어 내 입으로 들어오더니 몸 안 여기저기 돌아다니기 시작했다. 환상이 아니라 현실이라는 착각이 들어서, 나는 온 몸을 펄쩍거리며 이리 뛰고 저리 뛰었다.

"앗 뜨거워, 앗 뜨거워"

불덩이가 눈에 보였기 때문에, 입으로는 뜨겁다는 비명을 질렀지만 사실 뜨거움을 느낀 것은 아니었다.

이해할 수 없는 일이었다. 이해할 수 없는 일은 거기서 끝이 아니었다. 내 안에서 이상한 소리를 내던 그것들이 자신의 정체를 드러내기 시작했다. 아버지와 큰언니, 그리고 사촌과 내 딸의 음성을 빌려 나를 속이던 그것들은 나가면서 자신들이 가난의 영, 미혹의 영, 불신의 영, 속이는 영, 더러운 영, 거짓의 영이라고 밝힐 뿐 아니라 자신들이 세상의 주관자들이라고 쫓겨나가는 마지막 순간까지 소리를 질렀다.

그것들이 그렇게 소리를 지르며 나간 후 일 분 간격으로 내 몸이 부르르 떨리면서 쓰러졌다. 일어나 앉으면 다시 부르르 떨리며 쓰러지고, 다시 몸을 일으켜 일어서면 또 쓰러졌다. 지금까지 내 모습의 하나로서, 내 안에서 진을 치고 있던 악한 영들의 견고한 진이 파해지고, 하나님을 대적하게 하는 악한 영들과 미미한 귀신들이 쫓겨나갔다. 아무런 준비도 없이, 영문도 모른 채 치렀던 영적 전쟁에서 성령의 불을 통해 내 안의 모든 어둠의 영을 쫓아내고 소멸시켜 주신 것이다. 그 일을 통해 영적인 것에 대해

무지하며, 고상하게만 믿고 싶어하던 내가 악령이라는 것이 정말 존재하며 사람의 심령에 악한 역사를 일으키고 있음을, 오직 성령의 불로만 그것들을 소멸할 수 있음을 체험으로 깨달았다. 아마 이런 체험이 없었더라면, 이성을 중시하며 믿음 생활이라는 것이 그저 예배와 봉사에 열심히 참여하고 조용히 기도만 하는 것이 전부인 것으로 생각했을 나였다. 하지만 이 원하지 않던 무시무시한 경험을 통해 믿음 생활에는 거친 영적 싸움이 벌어지고 있음을 똑똑히 알 수 있었다.

한 차례 그들이 쫓겨 가기는 했지만 영적 싸움이 끝난 것은 아니었다.

더러운 영 즉 어둠의 세력이 빠져나간 자리에는 성령의 검인 말씀으로 무장한 채 그 자리를 채우고 있어야지, 그 자리를 비워 두면 나갔던 귀신들이 다시 돌아온다는 것도 순간순간 경험했다.

"더러운 귀신이 사람에게서 나갔을 때에 물 없는 곳으로 다니며 쉬기를 구하되 쉴 곳을 얻지 못하고 이에 이르되 내가 나온 내 집으로 돌아가리라 하고 와 보니 그 집이 비고 청소되고 수리되었거늘 이에 가서 저보다 더 악한 귀신 일곱을 데리고 들어가서 거하니 그 사람의 나중 형편이 전보다 더욱 심하게 되느니라. 이 악한 세대가 또한 이렇게 되리라" 마태복음 12:43~45

내 힘은 아니었지만 영적 싸움에서 승리했으니, 내 인생은 좀 편해질까 싶었다. 더구나 가난의 영이라 자신을 밝히던 그것이 나갔으니 이제 가난은 내게서 떠나가고, 풍성한 물질적 축복이 임할 것이라고 생각했는데, 그건 천만의 말씀이었다.

그와 함께 고난도 받으라

미국에 이민온 후 수년간 정말 열심히 살았고, 경제적으로나 생활면에서 크게 풍족하지는 않았지만 점점 안정을 찾아가고 있었다. 앞서도 말했지만 하나님이 나를 건지심으로 이제는 경제적으로나 생활적으로 보다 풍성하고 성공적인 생활을 할 수 있을거라 기대하고 있었다. 하지만 내 기대와 정 반대의 일이 현실에 닥쳐왔다.

우리의 안정과 평온에 균열을 만드는 엄청난 일, 전 세계를 경악시킨 그 일, 거대한 비행기가 뉴욕의 심장부에 있는 미국의 자존심 세계무역센터를 덮친 9.11테러가 2001년 가을 일어난 것이었다. 그 사건으로 인한 정서적 충격이 엄청났지만, 경제적 여파 역시 만만치 않았다. 뉴욕에 일어난 그 사건의 어두운 여파는 미국 전역의 도시와 촌락으로 빠르게 번져나갔다. 우리 가게 역시 그것에서 예외가 아니었다.

가게 매상이 기존 십분의 일 가량으로 급격하게 줄어들었다.

비단 이 일이 아니더라도 그 당시 우리의 경제적 상황이 그다지 좋은 편은 아니었다. 가게를 시작한지 수년이라 안정된 측면이 있었지만, 아들과 딸이 고등학교에 진학하면서 지출해야 하는 비용은 급격하게 늘어난 데 반해서, 가게 수익은 일정해서 조금씩 적자가 발생하고 있었다. 그런데 엎친 데 덮친 격으로 9.11사건의 여파로 인해 적자 폭이 날로 심해지고 있었다. 그렇다고 지출을 줄일 수 있는 것도 아니어서, 이 적자를 어떻게든 해결해보려고 머리를 싸매며 궁리하게 되었다. 때마침 이런 내 고민을 아는 것처럼 꽤 좋은 조건의 가게가 매물로 나왔다는 소식을 접하게 되었다.

당시 경제적 불황을 견뎌내지 못해서 매물로 나온 것이었는데, 지역은 다르지만 우리 가게와 동일한 업종인 뷰티샵이었고, 다른 곳에 비해 권리금이 낮았다. 아무리 불황이라도 이만큼 권리금이 낮은 가게를 찾기는 어렵겠다는 것이 내 경험이고 판단이었다. 물론 우리 생활이 빠듯했기 때문에 여윳돈은 없었지만, 대출을 받으면 가능할 것이라는 계산이 섰다.

처음부터 대출 없이 자기 돈만 가지고 사업을 시작하는 사람이 어디 있겠나 싶고, 대출을 받으면 초기에는 다소 힘들겠지만 가게 두 개를 운영하면 수입도 두 배가 될 테니 늘어난 지출을 충분히 감당할 수 있을 것이며, 대출금 상환에도 문제가 없을 것이라고 가늠이 되었다. 그뿐 아니라 이전 흑인 주인들이 어리숙해서 가게 경영을 잘 못한 것이고, 경험이 많은 내가 하면 그들보다 훨씬 더 잘할 수 있을 것이라는 어리석은 자신감까지 들었다. 언어도 통하지 않는 이 나라에 와서, 가게 하나를 번듯하게 운영하고 있는 내가 아니던가. 그래서 곧바로 그 가게를 인수하기 위한 기도에 돌입했다.

"하나님, 인수하고 싶은 가게가 있습니다. 그런데 자금이 조금 부족하여 은행에 융자를 신청하려고 합니다. 융자가 순조롭게 나오면 하나님께서 허락하시는 것으로 믿고 잘해보겠습니다."

부끄럽지만 내 기도는 항상 이런 식이었다.

내게 기도라는 것은, 내 뜻이 담긴 보고서를 하나님께 올리고 하나님은 그저 결제만 해주시면 되는 것이었다. 내 인생이기 때문에 내가 결정했고, 그분께서 내 인생에 대해 인도하시고 말씀하시도록 시간을 내어드리지 못했으며, 그분을 기다리는 것도 몰랐다. 아니 어쩌면 내가 기다릴 필요도 없이 하나님은 말씀하고 계셨는지도 모르겠지만, 들을 귀가 없기에 부지런히 내 생각대로 움직이며 은행으로부터 전화가 오기만을 기다리고 있었다. 기도를 했으니 올 것이라고, 하나님이 이 일을 통해서 나를 경제적 곤란에서 구해주실 것이라 생각했다. 그리고 역시나 3주후, 은행에서 대출을 승인하는 전화가 왔고 나는 이것이 하나님의 응답이라고 생각했으며, 이 가게는 하나님께서 허락하신 축복의 장소라며 기뻐했다.

하지만 기쁨은 오래가지 않았다.

새로운 가게를 시작하면서 내 계산에 엄청난 착오가 있었음을 매일 직시할 수밖에 없었다. 남편은 첫 번째 가게를, 새로 개업한 두 번째 가게는 내가 맡아서 경영했는데, 이 가게는 우리를 경제적 곤란에서 구해주는 것이 아니라, 더욱 혹독한 고통으로 이어지는 훈련의 장이었다. 덕분에 나는 날마다 부르짖고 또 부르짖어 심령이 깨어지고 부서져 기진맥진해졌다. 하지만 그로 인해 하나님을 향해 어두웠던 귀가 열려 성령의 음성을 듣는 유익이 있어 감사했다. 아마 아무것도 듣지 못한 채 그 상황에 놓여있었다면, 나는 그 거칠고 이유를 알 수 없는 광야의 시간을 버틸 수 없었을테니까.

정말 나는 자신이 있었다.

초기 자본이 좀 들기는 했지만, 그동안 축적된 내 경험으로 빠른 시일 내에 매상을 올릴 수 있을 거라고 자신했다. 하지만 웬걸, 인수에 드는 초기 비용 뿐 아니라, 가발을 파는 뷰티샵은 유행을 빨리 타는 곳이니 만큼 새로운 물건을 끊임없이 채워야만 손님이 찾아오고 장사를 할 수 있는 것이지 이미 쌓아놓은 물건을 가지고는 장사를 할 수가 없었다.

오늘 번 돈은 내일의 장사를 위해 투자해야했고, 내일 팔지 못하는 상품은 재고가 되어 손실을 떠안아야 했다. 손님을 만족시키고 잃지 않기 위해서는, 오늘 번 돈만이 아니라 그 이상도 새로운 물건으로 채우기 위해 사용해야만 했다. 가게 두 개를 하면, 수입도 두 배가 되기는커녕, 이전 가게의 적자분과 새 가게의 적자가 두 배가 되어 우리 가정을 괴롭혔다.

기대와 너무 다른 현실에 우리는 실망했고, 지쳤으며, 어느 순간부터는 눈덩이처럼 커져가는 적자가 무서워서 새로운 물건을 구입할 엄두를 내지 못했다. 당연히 유행에 뒤쳐진 제품만을 쌓아놓고 있는 우리 가게를 찾는 손님은 줄어만 갔고, 매상도 급격하게 떨어져갔으며, 나는 손님 없이 텅 빈 가게를 멍하게 지키게 되자 커피숍의 악몽이 되살아났다.

축복의 장일 것이라 생각했던 두 번째 가게의 문을 연 그 순간부터 피를 말리는 시간이 이어지고 있었다.

수익이나 우리 가정에 써야할 돈은 고사하고, 새로운 물건을 구입하지 못해 현상유지도 못하는 마당에, 가게 세에 은행 대출까지 감당하려니 아무리 발을 동동거려도 어찌해볼 도리가 없었다. 그동안 친척과 지인들을 통해 돈을 융통해왔는데, 그것도 한두 번이지 더 이상은 그럴 염치도 그럴 사람도 없었기에 가게의 문을 닫고 싶었지만 그것도 쉬운 일은 아니었다.

미국 법은 한국과는 달라서, 우리가 건물주와 계약한 5년을 채우지 못하고 가게 문을 닫는 경우 건물주는 우리를 고소할 수 있으며, 우리는 5년에 해당하는 가게 세를 내야만 했다. 당시 우리는 너무 힘들어 가게 세 뿐 아니라 집세도 낼 수 없는 상황으로 정말 미칠 것만 같은 순간이 매일 이어졌다.

그렇게 6개월… 1년이 흐르던 어느 날 남편이 입을 열었다.
"더 이상은 못 버티겠어. 이젠 더 이상 어찌해 볼 도리가 없어. 파산해야할 것 같아. 나는 신용불량자가 되겠지?"
얼굴에 번민이 가득한 채 어깨를 축 늘어뜨린 그는 힘없이 이 말을 내뱉은 채 가게 문을 나섰다.

그의 뒷모습을 본 나는 쓰러지듯 바닥에 주저앉았다. 울컥 화가 치밀었다. 하나님이 원망스러웠다.

'내가 도대체 무엇을 잘못했단 말인가? 이렇게 힘들다니 내 신앙에 문제가 있다는 건가? 그럴 리가 없다. 주님을 만난 내 심령은 기뻐서 감격했고 뜨거운 눈물로 회개도 했으며 정말 주님을 사랑했다. 그뿐이 아니었다. 주일성수를 하려고 교회를 다니지 않는 남편의 면박에도 아랑곳하지 않고 매주 가게 문을 닫고, 교회에서 봉사까지 했는데, 도대체 하나님은 왜 우리 가게에 형통한 복을 주지 않으시는 것일까? 왜 점점 더 어렵고 힘들게 하시는 것일까? 도대체 얼마나 더 기다려야 한다는 말인가...'

불평과 괴로움으로 어린아이처럼 엉엉 소리내어 울면서 원망의 기도를 드렸다. 그렇게 한참을 울고 있는데 속삭이는 듯 세미한 소리가 내 마음에 들렸다.

"네가 나를 위해 핍박을 받은 적이 있니?"

"네가 나를 위해 고난을 받은 적이 있니?"

"네가 이 비즈니스를 위해 땀방울이 핏방울이 되도록 기도한 적이 있니?"

누군가 바로 옆에서 내 귀에 대고 말하는 것 같았다. 그 당시 가게 문을 닫고 있을 때였기에 나 외에는 누구도 있을 리 없지만 이상한 소리에 놀라 기도를 중단하고 눈을 뜬 채 주위를 둘러보았다. 당연히 아무도 없었다.

다시 기도하려고 눈을 감았는데, 앞이 환해지며 커다란 영상이 펼쳐지고 있었다. 영화 필름처럼 천천히 이어지는 그 영상은 믿음 없이 시작한 내 처음 신앙생활부터 지금까지의 모습들을 보여주고 있었다. 그 모습 속의 나는 믿음 좋은 거룩한 성도의 모양은 갖추었지만, 삶속에서는 세상 사람들과 무척 잘 어울리고 타협도 잘 하며 지내는 세속적인 모습이었다. 원망과 괴로움이 극에 달했을 때였지만, 갑작스럽게 들은 음성에 놀랐고, 놀라움이 가시기 이전 보이는 환상에 놀랐으며, 그 환상 가운데 보이는 내 형편없는 모습에 더욱 놀랐다.

도대체 내가 무엇을 잘못했느냐고 따지던 내 불평은 쏙 들어가고, '내가 정말 저런 사람이었나? 그럴 리가 없다'고 반문했다.

지난 시간들을 곰곰이 되새김해보았다. 나는 단 한 번도 주님 때문에 또는 주님을 위해 고난이나 핍박을 감수한 적이 없었다. 또한 기도를 하기는 했지만, 가게를 위해 기도하며 땀 한 방울도 흘려본 적이 없었다. 그 대신 믿지 않는 사람들의 마음을 상하게 해서, 실족시키면 안 된다는 이유로 적당한 선에서 타협해왔다. 나는 상황에 따라 한 발은 세상에, 다른 한 발은 교회로 딛고 있는 어중간한 회색분자였다. 내 기도의 모습도 생각이 났다.

'주님! 내 가슴을 찢습니다. 찢겨진 가슴을 열어보이오니 주여! 보시옵소서!'라고 애통해하며 기도하곤 했지만, 사실 그것은 기도가 아니었다. 그저 옛사람의 내가 비참한 환경을 견디지 못해 혈기를 표출하는 넋두리일 뿐이었다.

신앙적 양심이 내 심령을 세차게 흔들어 깨웠다. 주님을 위해 핍박이나 고난은커녕, 무엇을 먹을까 입을까 마실까를 위해 내 가슴을 쳤고, 내가 원하는 것을 이루어달라며 어린아이같이 떼를 쓰고, 들어주지 않으시면 원망과 불평을 쏟아낸 것이 바로 나였다.

이제는 원망의 기도가 아닌 회개가 쏟아져 나왔다. 그리고 성령의 음성을 들을 수 있는 영적 귀가 열린 것이 감격스러웠다. 뿐만 아니라 내게 고난을 허락하셨지만, 나와 가장 가까운 곳에서 지금까지 내가 했던 모든 기도를 빠짐없이 듣고 계셨음을 알게 되어 기쁘고 감사했다. 이 상황을 풀어낼 수 있는 해답은 달라진 상황이 아니라 어리석고 부패한 내 모습을 알게 된 것이었다. 상황은 달라진 것이 없지만 내 마음은 그 순간 달라져있었다. 나는 입이 열 개라도, 아니 어떤 상황이 닥쳐도 불평할 수가 없는 너무도 부족한 사람이었다.

그러던 와중에 찾아오는 손님 한 명 한 명이 그렇게도 반갑고 귀하던 나에게 기다리지도 않던 반갑지 않은 손님이 찾아왔다.

오십견. 중병은 아니었지만 통증이 심해 한쪽 팔은 올릴 수도 내릴 수도 없었으며, 등과 앞가슴이 동시에 눌리고 아파서 숨을 편하게 쉬기도 어려웠다. 가게 형편도 내 정신적 가슴을 짓누르고 있는 마당에, 갑자기 찾아온 육신의 고통이 더해지자 내가 할 수 있는 것은 오직 기도밖에 없었다. 기도하고 또 기도하고 걱정과 불안이 찾아오면 다시 기도했다.

아무리 기도해도 육신의 고통은 나아지지 않고, 점점 더 심해져서 우울증이라는 반갑지 않은 손님 하나가 더 찾아왔다. 속수무책인 가운데 남편의 얼굴은 날로 어두워졌고, 마음도 얼굴의 어두움만큼이나 강팍해지고 있었다.

남편은 그동안 마음에 담아왔던 말을 나를 향해 툭 던졌다.

"당신이 이렇게 아프고 힘들다는데, 당신이 그렇게 좋다고 믿는 하나님은 도대체 무엇을 하고 있는 거야! 남편도 팽개치고 그렇게 충성하고 믿고 있는데, 그 하나님은 왜 당신을 위해 아무 것도 하지 않는 거지?"

그리고는 존재하지도 않는 하나님이라는 신을 믿고 있는 내가 어리석게 느껴져 안쓰럽다 못해 원망스럽기까지 하다는 말도 덧붙였다. 내가 교회 다니는 것을 마뜩치 않게 생각하던 남편이었지만, 그래도 하나님을 대적하는 말은 결코 하지 않던 그였는데, 상황이 나빠져 마음이 힘들어지자 교회와 하나님 소리만 들어도 혈기를 내는 일이 잦아졌다.

그런 말을 하는 남편에게 서운한 마음도 들었지만, 나 역시 하루하루가 지날수록 사방에 우겨쌈을 당해 이렇게 고통스러워하며 하나님을 향해 도움을 구하는 손을 들고 있는데, 하나님은 왜 이 손을 외면하신 채 침묵하고 계시는 것인가 하는 의구심이 드는 것도 사실이었다. 하나님은 이 의구심을 해결할 아무런 실마리도 주지 않으셨다. 그저 침묵하시는 하나님에 대해서도 고통스러워하면서 나는 그저 그 순간을 견디며 지나야했다.

다음날이 왔다.

남편은 내게 전화를 해서 가중되는 어려움의 압박감에서 하루 속히 벗어나고 싶다고 하소연을 했다. 나 역시 그 압박감에 괴로운 것은 마찬가지였기에 남편에게 해줄 말이 없었다. 다만 남편과 내가 달랐던 것은 내게는 남편 외에도 하소연할 수 있는 대상이 한 분 더 계시다는 것이었다.

하나님, 나는 그분에게 매달리며 하소연하고 통곡하며 기도할 뿐이었다. 그분은 나나 남편과는 달리 모든 상황을 해결할 능력이 있는 분이셨기 때문이다. 아니 온전한 해결까지는 아니더라도, 숨을 쉴 틈을 주실 능력은 그분에게 있다. 성경에 그렇게 적혀 있지 않던가.

"감당하지 못할 시험 당함을 허락하지 않으시겠고 너희가 시험당할 즈음에는 능히 감당할 수 있도록 하시느니라" 고린도전서 10:13.

피할 길을 달라고, 그분 앞에 나아와 엎드렸지만 그분은 여전히 응답이 없었다. 생각해보면 감당치 못할 시험 당함이 없었기 때문에 피할 길을 내실 필요도 없었고, 내가 그것을 알기를 바라시며 기다리고 계셨지만 그 당시 나는 하나님의 뜻을 깨닫지 못했고, 깨달으려 하지도 않았다. 그저 언제쯤 피할 길을 내시려나, 내가 얼마나 더 힘들어야 그 피할 길이 열리는 때가 될 것인지만 기다리고 있을 뿐이었다.

그렇게 시간이 흘러, 스스로 피할 길을 찾았다.

결국 가게를 팔겠다고 내놓고 만 것이다. 하지만 사겠다는 사람이 아무도 없었다. 고민이 깊어져 잠이 오지 않는 날이 이어지고, 어느 이른 새벽 가게로 나오게 되었다. 어두운 바닥에 엎드려 최소한의 유지비도 버거운 지금 문을 오늘이라도 닫는 것이 손해가 적을까 싶어 가슴을 애태우고 있는데 서서히 날이 밝아 오고 있었다. 갑자기 말씀이 읽고 싶어져, 묵상 중에 에베소서를 읽기 시작했다.

> "그는 허물과 죄로 죽었던 너희를 살리셨도다. 그 때에 너희는 그 가운데서 행하여 이 세상 풍조를 따르고 공중의 권세 잡은 자를 따랐으니 곧 지금 불순종의 아들들 가운데서 역사하는 영이라. 전에는 우리도 다 그 가운데서 우리 육체의 욕심을 따라 지내며 육체와 마음의 원하는 것을 하여 다른 이들과 같이 본질상 진노의 자녀이었더니" 에배소서 2:1~3.

어제도 읽고 묵상했던 말씀이었는데, 어제와 달리 말씀이 내 심령을 흔들어 깨웠다.

성경은 내게 분명히 말씀하고 있었다. 주님께서 허물과 죄로 죽었던 나, 본질상 진노의 자녀였던 나를 은혜로 살리셨음에도, 그 새로운 생명 이전의 죽은 모습에서 변화하지 않고, 여전히 이 세상 풍조를 따르고, 공중의 권세 잡은 자를 따라 육체와 마음이 원하는 것을 하고 있다고 말이다. 지금도 여전히 마음의 원하는 것만을 구하는, 이전에 나와 조금도 다를 바가 없다는 생각과 본질상 진노의 자녀라는 구절이 심령에 강하게 부딪혔다.

새 가게를 시작할 즈음 성령의 음성을 통해 육신의 정욕만을 구했던 것을 회개한 적이 있었지만, 그 회개 이후에도 나는 변화되지 않고 있었다. 회개는 했지만, 여전히 돌이키지 않고 일 년이 지난 지금까지 내가 원하는 것만 부르짖고 있을 뿐, 하나님이 원하시는 기도가 무엇인지 알지 못했고 여쭙지도 않고 있었다. 하나님을 믿고 있었지만, 여전히 나는 진노의 자녀 자리에 머물러 있었다.

말씀으로 인한 충격은 내 심령을 강하게 충돌하여 사방으로 진동하기 시작했고 내 모든 심령이 산산이 부서졌다. 새 가게를 시작하게 된 동기를 비롯해, 하나님이 아닌 내 명철만을 의지하여 스스로 화를 자초했고, 하나님께는 내가 벌여놓은 일을 수습해달라고 가슴을 치며 부르짖고 있을 뿐이었다. 언제나 하나님의 뜻이 아닌 내 뜻과 계획이 중요했던, 그저 겉옷만을 찢으며 드린 기도였던 것이다. 부서져버린 심령으로 다시 부르짖는 기도를 했다.

"너희는 옷을 찢지 말고 마음을 찢고 너희 여호와 하나님께 돌아올지어다" 요엘2:13.

다시금 1년 만에 그날과 동일한 회개의 기도를 드렸다.

'하나님! 나의 완악함과 미련함을 용서하지 마옵소서. 허울과 죄뿐인 나를 용서하지 마옵소서. 스스로 화를 불러일으킨 나를 용서하지 마옵소서! 그리하여 내 삶의 문이 닫힌다고 해도, 하나님이 허락하시는 고통의 자리도 괘념치 않는 것은 성령 하나님

의 임재가 이곳에 가득함이요. 차가운 바닥에 나 홀로 있지 않음이니이다.'

내 미련함을 깨우쳐 주신 은혜가 사무치게 감사했다.

하나님은 참 좋은 분으로, 미련한 잘못을 자꾸 반복하는 우리를 탓하거나 죄인이라고 낙인찍는 분이 아니셨다. 회개를 하는 그 순간 다시 처음인 것처럼 받아주시는 분이심을 나는 믿는다. 아마도 그래서 우리가 그분 앞에 설 수 있는 것이 아닌가 싶다.

그렇게 며칠이 지났다.

남편 제자 부부가 LA에 왔다며, 전화를 했다. 이런저런 이야기를 하다가 우리 가게 사정을 말하게 되었다. 도움을 얻을 수 있다는 어떤 기대함이 있었던 것이 아니었는데, 그들은 가게 상황을 찬찬히 듣더니 그날 당장 우리를 찾아왔다.

그들은 마침 새로운 사업을 시작하려고 이것저것 알아보던 중이었다며, 괜찮다면 그 가게를 인수해보고 싶다고 했다. 그래서 하루하루 간신히 버티고 있던 우리에게 돈을 건네주고, 우리는 그들에게 가게를 넘겨주었다. 그날 저녁 이후 일은 일사천리로 진행되어 일주일 안에 우리는 그 가게에 관한 모든 것을 정리할 수 있었다.

너무 힘겨운 시간을 지나왔고, 순간순간 기도에 응답이 없는 하나님에 대해 불평하고 의심하고 원망한 적도 많지만, 그 순간을 모두 지나고 나니 이제 알아진다.

하나님은 환경을 통해, 훈련을 계획하셨고, 극한 상황과 문제들을 맞닥뜨려야 비로소 알게 되는 내 진짜 모습을 보게 해주셨으며, 내 심령이 깨지고 부서지더라도 그 상황을 견디고 돌파하게 하셨다.

침묵하시고, 모른 척 하시는 것 같았던 하나님이었지만 그 순간들을 통과하고 난 후에야, 그 문제의 원인과 동기는 옛사람의 습성으로 잘못된 판단을 하고, 게으름, 내 명철만을 의지한 우매함에 있음을 깨달았다. 더불어 내 믿음은 상한 갈대보다 더 연약하며, 물질의 연단 앞에서 즉시 좌절해버리는 뿌리없는 믿음이라는 것도 깨달을 수 있었다. 하지만 정말 안타까운 것은 이 모든 것이 고통을 겪는 그 순간에는 전혀 보이지 않는다는 것이었다.

범사에 감사하라

 가게가 극적으로 정리되었지만 그것으로 끝은 아니었다. 제자 부부에게 가게에 있는 물건 값만을 받고 정리했는데, 급한 불은 껐지만 모든 어려움이 해결된 것은 아니었다.

대출이며, 그동안의 지인들에게 빌린 돈, 밀린 집세, 물건 대금 등의 빚은 여전히 남아있었고, 첫 번째 가게만은 지켜보겠노라고 발버둥을 쳐봤지만 그 적자를 감당할 수가 없었다.

결국 6개월이 지나 그 가게마저 지키지 못하고 문을 닫게 되었고, 신용카드 빚과 은행 대출금 등을 갚을 길이 없었다. 대출금을 해결하지 못해 압류가 들어오기 직전 우리는 결국 파산 신청을 하고야 말았다. 파산을 결정하고, 신청을 하러 간 날도 괴로웠지만 두 달 후 합법적 파산이 되었다는 법원의 판결을 받은 날 그 참담한 심경은 어떻게 표현할 길이 없었다. 우리에게 남은 것은 아무것도 없었다.

"미국에 와서 10년간 고생해서 얻은 집과 가게를 다 잃었네. 이제 신용까지 잃었으니 재기하는데 엄청 많은 시간이 걸리겠지?"

남편의 괴로움은 이루 말할 길이 없었다.

아버지로부터 사회생활에서는 신용이 가장 중요하다는 가르침을 듣고 자라왔는데, 법적인 신용 뿐 아니라 지인들과 맺어왔던 신용까지 잃어 그들의 얼굴을 대할 면목이 없었다.

나 역시 마찬가지였다. 그날 하나님 앞에 부족한 모습을 봤고, 십자가의 은혜를 입었으니 그분과 함께 고난도 당해야 함을 깨달았지만 이것은 아니었다. 그냥 가난이 아니라 신용까지 잃었다. 신앙인으로 삶에서 보이는 열매가 중요한 것 아니던가. 이런 상황은 믿는 자로서 덕이 되지 않았고, 하나님의 영광을 가리는 것이라는 생각에 힘이 들었다.

오랜 시간 처절한 마음으로 엎드렸다. 하나님께서 내 모든 기도를 듣고 계신다고 생각했던 것도 잊고, 파산에 이른 것은 하나님은 이렇게 애타게 부르짖는 내 기도를 듣지 않겠다고 작정하신 것이라고 생각했다.

　모든 것을 정리하고 집을 이사했고, 우리 수중에 돈이라고는 그 집에서 두 달을 버틸 수 있는 집세가 전부였다. 이 돈이 떨어지기 전에, 그러니까 2달이 지나기 전에 일자리를 찾아야했다. 매일 신문을 보며 구인란을 꼼꼼히 살피고 괜찮은 일자리에 빨간 색으로 동그라미를 쳤다. 하지만 그것으로 끝이었다. 거절에 대한 두려움으로 전화를 할 용기를 내지 못하고 그저 기도만 할 뿐이었다.

　'주님, 10년 동안 피땀을 쏟은 일터와 우리 가족이 살던 집이 신용과 함께 사라져버렸습니다. 자존심은 땅에 떨어지고 신앙인으로 삶속에서 축복도 받지 못한 채 하나님은 돌아보시지 않으려고 작정하시고 침묵으로 일관하십니다. 피할 길조차 허락지 않으시니 두려움과 절망뿐입니다. 이제 어떻게 해야 할까요?'

　기도를 하면서도 서글픔이 밀려와 훌쩍이고 있는데 다시금 예전에 들었던 음성이 들렸다.

　"범사에 감사하라. 너는 내게 감사하라. 그리하여 감사헌금을 드려라."

　"네? 뭐라고요? 무엇을 감사하라고 하시는 겁니까? 지금 이 상황을 말씀하시나요? 아니면 아무것도 없이 몽땅 잃어버린 것을 감사하라는 것인가요? 설령 제가 이 음성에 순종하여 감사헌금을 드린다고 해도, 저는 지금 아무것도 없는데 무엇으로 드릴까요?"

이해할 수 없는 이야기였다.

"범사에 감사하라"는 말씀은 알고 있지만, 지금 무엇을 감사하라는 것일까? 모든 것을 잃게 된 것을 감사하라는 것인가, 그렇지 않으면 그나마 두 달 집세라도 가지고 있는 것을 감사하라는 것일까? 지금 나에게 그 돈을 감사헌금으로 내라시는 것일까?

어떻게 그럴 수가 있나 생각하고 있는데, 느닷없이 비상금이 생각났다.

가게를 정리하는 마지막 날 너무 힘든 순간에 쓰겠다는 마음으로, 오백 달러를 챙겨서 코트 주머니에 넣어두었는데 그동안 까맣게 잊고 있었던 것이다. 당장에 쌀을 살 식비조차 없던 상황이었는데도 그 돈을 기억하지 못하고 잊었었는데, 주님께서 그 비상금을 기억나게 하시는 것을 보니 그 돈을 말하시는 것인가 싶었다. 이어서 지금까지 단 한 번도 범사에 감사해 본적이 없었다는 생각도 들었다.

내게 감사란 일상에서 일어나는 당연한 것들에 대해서 하는 것이 아니라, 조건이 충족되어 유익이 생겼을 때에 하는 것이었다. 그런데 지금은 그럴 조건이 없는 상황인데, 그럼에도 불구하고, '그리 아니하실지라도'의 감사를 드려야 하는 것인가, 주님께서 말씀하시는 감사란 이것을 말하는 것인가 싶은 생각 등이 꼬리에 꼬리를 물고 이어지고 있었다.

그렇다고 내가 현실적인 유익에만 감사하는 사람이라는 것은 아니었다. 그 동안 힘든 상황에서도 감사하는 경우도 많았다. 하지만 그것은 상황이 좋지 않더라도 그것을 통해 깨닫는 바가 있기 때문에 감사한 것이었지, 아무런 변화도 없는 범사와 일상에 감사한 마음이 든 적은 없었다. 아니, 그래야 한다는 것을 나는 몰랐다.

그런데 문득 지금 내 심령에 말씀하시는 하나님은 조건에 매이는 것이 아니라, 범사에 감사할 수 있는 심령이 되라 하시고, 감사조건을 예비하심에 대한 앞선 감사로 하라는 것이었음이 자연스럽게 알아졌다. 의문과 답답함으로 시작했던 기도는 다시금 깊은 감사로 마쳤다.

'주님! 오백불이 전부인 나의 두렙돈을 드립니다. 그리고 감사조건을 예비해 주실 것에 감사보다도 범사에 감사할 수 있게 심령에 부어주신 은혜에 감사드립니다.'

범사에 감사해야 함을 한 순간 깨닫기는 했지만 오래가지는 못했다.

그것을 진심으로 깨달아 훈련되는 것에는 아주 오랜 시간이 걸렸다. 물론 깨달음 자체만으로도 내 과거 모습에 비하면 엄청난 발전이었지만, 충분하지는 않았다. 그래서 하나님은 차근차근 내 심령을 옥토로 가꾸는 작업을 하는 중이셨다.

일자리를 구하려고 애쓰는 가운데 얼마 후였다. 믿음 성장에 많은 도움을 주셨던 선교사님께서 연락을 주셔서, 자신의 가족이 운영하고 있는 멕시칸 레스토랑에서 일을 해볼 것을 제안하셨다. 계산을 하는 캐시어(Cashier)직이었는데, 당시 절박하던 나로서는 선교사님의 넘치는 배려였고 일자리였다. 그곳에서 일을 하는 동안은 집세를 내지 못해 거리에 나가 앉게 될 걱정은 하지 않아도 괜찮다는 생각에 한시름을 덜었다.

그곳에서 일을 마치고 집에 돌아가는 길이었다.

차 계기판에는 연료가 없다는 것을 알리는 불빛이 반짝이고 있었다. 사실 전날부터 그 사인은 나를 향해 불을 반짝이고 있었지만, 나는 가스를 넣을 돈이 수중에 없었고, 남편에게 차에 가스가 없다고 말을 하기도 번거롭게 느껴져 그냥 내버려두었다.

가스가 없다는 사인을 보내고는 있지만, 그렇다고 당장 차가 멈추는 것도 아닐 테고 오늘까지는 탈 수 있지 않겠나 싶어 그냥 그 사인을 무시해버렸다. 물론 마음은 불안했기 때문에, 집에까지 무사히 갈 수 있게 해달라고 기도하며 운전하고 있는데 하나님도 무심하시지... 차가 서버리더니 꼼짝도 하지 않았다.

차가 도중에 서버리자 당황스럽기도 하고, 연료를 채워 넣을 돈도 없으니 이를 어찌해야하나 싶어 기운이 빠진 채 그저 멍하니 차에 앉아있었다. 그런데 잠시 후 그 전날 손을 다쳐서 병원에 가려고 호주머니에 넣어둔 치료비가 내게 있다는 생각이 들었다.

호주머니를 뒤져 치료비로 했어야 했던 그 돈을 쥐고는 차에서 내렸다. 기름을 넣어서 타고 가려면 주유소를 찾아서 기름을 사오는 수밖에 없었다. 하지만 주유소를 찾아 가는 발걸음은 깊은 늪 속을 허우적대는 것 같이 무거웠고, 한발 한발 발을 내딛을 때마다 비틀거려서 쓰러질 것 같았으며, 한 여름의 뜨거운 태양은 온통 내게만 쏟아지는 듯 더위로 질식할 것만 같았다. 더위에 혼절할 것 같고, 짜증이 나자, 강퍅한 마음이 슬금슬금 올라오기 시작했다.

'범사에 감사하라고 했지만 도대체 이 상황을 어떻게 감사할 수 있단 말인가. 만약에 치료비조차 내게 없었더라면 이 상황에서 내가 얼마나 난감했겠나. 아무리 그래도 나는 이 상황을 도무지 감사하지는 못하겠다'고 중얼거리며 주유소를 찾아 한참을 걸었다. 기름을 사서 다시금 그 더운 길을 낑낑거리고 돌아가 차에 넣고는 집을 향해 역시나 강퍅한 마음인 채로 시동을 걸고 집을 향해 운전하기 시작했다.

그렇게 집에 거의 도착할 즈음 어디서 나타났는지 경찰차가 나타나서 내게 차를 세우라는 사인을 보냈다.

어리둥절한 채 차를 세운 내게 경찰은 신호위반을 했다며, 벌금 티켓을 끊어주었다. 경찰에게는 한 마디 못한 채 묵묵히 벌금 티켓을 받아들고 읽어보니 벌금이 자그마치 사백불이였다. 집으로 돌아온 나는 긴장도 풀리고 상해버린 마음을 주체할 수 없었다.

이럴 수는 없는 것이었다. 내가 차에 타서 연료가 없다는 계기판 사인을 보고는 하나님께 무사히 집에 까지만 갈 수 있게 해달라고 그렇게 간절히 기도했건만, 차는 집에도 가지 못해 중간에 서버렸고, 교통벌금까지 부과 받아 우리 가족의 한 달 주식비에 해당하는 4백 달러라는 돈을 벌금으로 내게 되었다. 이 벌금을 내고 나면 우리 가족은 한 달 동안 굶을 수밖에 없었다. 내가 기도했는데... 내가 하나님께 기도했는데도 말이다. 화가 치밀어 오르며 불평이 쏟아졌다. 불평의 기도가 쏟아지기 시작했다.

'지금의 형편을 너무나도 잘 아시는 하나님, 오늘 일어난 일에 대해 말씀해 주셔야 합니다. 이 상황이 어떤 의미인지 설명해 주셔야 합니다. 하나님이 지켜주려고 하셨다면 저에게 치료비가 있는 것을 조금 더 일찍 기억나게 해주실 수 있었으며, 설사 제가 신호 위반을 했을지라도 경찰의 눈을 가려주셨을 겁니다. 제 형편을 너무 잘 알고 계시는 하나님은 그렇게 해주셔야했습니다. 월급날은 아직 멀었는데, 시장에 가지 못한 지 벌써 일주일째이고, 저는 단 1불도 없이 2주를 살 수 있다는 것을 생생하게 경험하고 있는 중입니다. 도대체 제 구차함은 어디까지이며 이 상황에서 벗어나길 언제까지 기다려야 하는 겁니까?'

내 불평의 기도는 이어졌다.

물질의 어려움이 얼마나 고통스러운 것인지 처절하게 경험했다고, 이제 이만하면 충분하다고, 이제는 이 올무의 상황에서 나를 벗어나게 해주시고 내가 무엇 때문에 이런 어려움을 겪어야 하는지를 내가 납득이 되도록 설명하셔야만 한다고 말씀드렸다.

다행히 기도를 하거나 말씀을 읽은 후 하나님의 음성에 귀를 기울이거나 깨달음을 위해 기다리는 습관이 내게 있어서, 그 불평의 기도 후에도 대답해주실 그분의 음성을 기다리고 있었다. 아니, 그분은 내게 설명하셔야만 했다.

그런데 음성 대신에 내 눈앞에 어떤 영상이 필름처럼 길게 펼쳐지고 있었다.

화면 첫 장에는 넓은 밭이 방금 밭갈이를 한 것같이 온통 뒤집혀 있었고, 그 다음 장면으로 넘어갈 때마다 그 밭의 모습은 조금씩 달라보였다. 그렇게 한동안 이어져있던 밭 영상의 마지막은 밭갈이가 다 끝난 것 같이 질서 정연하게 펼쳐져 있었고 보기에도 기름져 보이는 풍성한 황금색 들판으로 변해있는 모습이었다. 그 환상에 대해 이해하지 못하고 있는데 음성이 들렸다.

"네 심령에 좋은 씨를 뿌려 결실을 맺기 위해서는 먼저 옥토밭이 되어야 하지 않겠느냐?"

그리고는 내안에 있는 부패한 옛 습성들을 알려주기 시작하셨다. 차에 연료를 넣는 일조차 귀찮아하는 게으름, 질서를 무시하고 교통법규를 사소하게 여겨 대수롭지 않게 위반하는 부도덕, 물질을 구하되 잘 관리하지 못하는 마음과 매사에 계획성 없이 즉흥적으로 결정해버리는 진중하지 못한 태도 그리고 힘들고 불편한 것을 용납하지 않고 피해버리는 편협한 성품 등 내 부끄러운 모습이 끝없이 이어졌다. 도대체 내가 왜 이런 어려움을 겪어야 하는지 설명해 주셔야만 한다고 따지는 내게 다시 말씀하셨다.

"아직 들려줄 말은 끝나지 않았다만, 계속 듣기를 원하느냐?"

"…"

답할 말이 없었다.

그분은 나에 대해 모르시는 것이 하나도 없었다. 아니 나 보다 나를 훨씬 더 잘 아는 분이셨다. 농부가 좋은 씨를 뿌려 풍성한 열매를 얻기 위해서는, 밭을 잘 갈아 놓아야 하는 것처럼 하나님은 나의 모난 성품을 갈아엎으시는 작업을 환경을 통해 하시고 계셨다. 굳어진 내 심령위에, 물질의 어려움과 옛 습관들로 인한 열매들이 괴로웠지만 훈육과 위로로 내 심령을 옥토로 만들어가는 하나님의 수고와 나를 향한 관심을 생각할 때 불평하는 내 입이 부끄러웠다.

하나님의 음성을 들을 수 있어서 속사람은 변화되고, 환경은 어려워질지라도 점차 속사람이 강건해지면 이 어려운 환경의 올무가 나를 옭아매지 못할 것임이 깨달아졌다.

범사에 감사하겠다고, 감사할 것이 없어도 감사하겠다고 결심했고, 내게 너무 소중한 돈을 하나님께 드려도 봤지만 '그리 아니 하실지라도' 감사할 수 있는 심령은 단번에 되는 것이 아니라는 것을 알았다. 그런 심령이 될 때까지 나 혼자 괴로운 것 같지만 사실 정말 수고하시는 분은 내가 아닌 하나님 그분이셨으며, 어쩔 수 없는 사람이라며 나를 포기하지 않고 될 때까지 기다리시는 분이심도 깨달아 알 수 있었다.

영적으로 이런 변화가 있음과 아울러 내 심적으로도 변화가 일어나고 있었다.

자신의 레스토랑에서 일하도록 배려해주신 선교사님의 마음에 너무 감사했고, 함께 했던 일 년간 배우는 것도 많았지만, 다시금 재기해보고 싶었다. 미국에 와서 십년이라는 세월, 우리의 물질과 신용까지 바쳐서 일구었던 사업의 터전에서 다시금 일어나고 싶었다. 그 시간이 허송세월이 아니라, 성공을 위한 지렛대가 되어 줄 거라 나는 믿었다.

그래서 이곳저곳 일을 알아보던 차에 여러 지점을 가지고 있는 미용재료 프렌차이즈 가게 매니저 직에 지원했는데 면접에 오라는 통보를 받았다. 그들은 지난 10년 간의 비즈니스 경력을 인정해주었고, 나이가 많아 자신 없어 하는 나에게 지점 총 관리를 하는 자리이니 나이가 많은 것이 더 유리하다고 격려를 해주었다. 내 실패의 시기도 많은 나이도 장점으로 받아주는 그곳은 하나님께서 준비해두신 여호와이레였다.

세상으로부터 자유하라

 새 직장에 온지도 3개월이 지나면서 경제적으로나 정서적으로 안정을 찾아가면서, 쉬는 날이 되자 친구와 백화점에 쇼핑을 갔다.

나와 함께 간 친구는 고급스러운 옷들이 진열되어 있는 상점으로 들어가, 아주 고가의 옷을 입어보더니, 아무 부담 없이 그 옷들을 샀다. 그 모습을 보면서 친구에게는 아무 말도 하지 않았지만, 저런 큰돈을 옷과 같이 쓸데없는 곳에 허비하는 것에 마뜩치가 않았고, 믿음이 좋다는 사람이 저래도 되나, 육신의 정욕으로 가득한 위선자라는 정죄함과 판단이 내 마음에 스멀거리며 올라오기 시작했다. 하지만 다행히도 이런 불편했던 심기는 외출해서 오랜만에 먹어보는 근사한 점심과 수다 보따리로 어느덧 잊혀졌다. 뿐만 아니라 수년간 접해보지 못했던 호화로운 백화점의 모습은 그동안 의기소침해져있던 내 마음과 상황을 잊게도 해주었다.

　쇼핑 후 늦게 집에 돌아와 저녁을 준비하고 있는데 친지에게서 전화가 왔다.
　그녀는 자신의 집에 가구를 새로 장만하게 되어, 예전에 있던 가구들을 다 팔려고 하는데 혹시 필요한 것이 있느냐고 내게 물었다. 그 말을 듣자마자, 그녀의 집에서 보았던 예쁜 엔틱 테이블이 떠올랐다. 그 집에 가서 그 테이블을 볼 때 마다 예쁘다는 말을 하곤 했었는데, 아마 그 말을 기억했던 모양이었다. 당연히 사고 싶은 마음이 들었지만, 확답은 하지 않고 다음날 다시 통화하기로 하고 전화를 끊었다.
　새 직장을 얻기는 했지만, 아무리 중고라고 해도 가구를 장만할 정도의 경제적 여유로움은 나에게 없었다. 평소에 예쁘다고 생각하며 그것이 어려운 경제적 형편에도 불구하고 꼭 사야만 하는 필수품인 것도 아니었다. 하지만 암담한 마음에 백화점 쇼핑 한 번이 위로가 되었듯이, 그 예쁜 엔틱 테이블이 내 마음에 위로를 주고 기분전환도 매일 시켜줄 수 있을 거라는 생각도 들었다.

　그래서 다음 날 그녀와 전화통화를 하기 전에, 기도하며 하나님께 여쭈었다. 아마도 하나님이 이런 내 생각과 마음에 동의 해 주실 것이라는 기대가 있었던 것 같다.

'주님! 사고 싶은 가구가 있습니다. 비싼 것도 아니고요, 또 새 것도 아닙니다. 그런데 만약 사게 된다면 주님 보시기에 제가 형 평성이 없는 것일까요?'

그런데 돌아오는 응답은 생각지도 못한 것이었다. 그분의 음성 은 엄한 책망으로 나를 꾸짖기 시작하셨다.

"옷을 사는 친구를 보며 정죄하던 네 모습은 하룻밤 사이에 어 디로 가버렸느냐? 너의 이 행위는 마땅한 것이더냐? 경제적 여 력이 있는 네 친구는 너보다는 더 합당했다. 세상 것에 마음을 빼 앗기는 성정인 너에게 어찌 물질의 복을 부어줄 수 있겠니. 원하 는 것에 절제하지 못하고, 셈에 둔한 너에게 어찌 재물을 맡길 수 있겠니. 자신을 모르는 우매한 자가 어찌 친구를 판단할 수 있단 말이더냐!"

마음 안에 울리는 책망의 음성이 어찌나 쩌렁쩌렁 추상같은지 가슴에 통증이 느껴질 지경이었다.

친구의 행위가 옳고 그른 것을 따질 때가 아니었다. 정작 육신 의 정욕이 가득한 것은 나였다. 불과 일 년 전, 하나님께 식료품 을 사기 위해 시장에 가지 못한 지가 일주일째라고, 먹을거리가 없는 것에 참담함에 울분을 토하던 나였건만, 당장에 눈에서 좋 다고 하는 것에 마음을 빼앗겨 절제하지 못하고 있는 것이었다. 사람에게는 고상한 말로 나의 추한 탐심을 가릴 수 있었지만 하나님께는 아무것도 감출 수가 없었다.

그나마 나에게 다행인 것은 아주 소소한 일까지도 주님께 여쭙는 습관이 있어서, 그 날 역시 정해진 기도시간에 그 날의 일상을 주님께 고할 때 가구를 사도 되는지를 습관처럼 여쭈어 본 것이다. 지극히 하찮은 가구를 사는 그 일 까지도, 아뢰기만 하면 어김없이 개입하셔서 나에게 가장 필요한 말씀으로 인도하고 다스려 주셨다. 참으로 범사에 주님을 인정하지 않을 수 없었으며, 세상 것들을 분토와 같이 여기겠다는 고백도 역시 드릴 수밖에 없었다.

"너는 범사에 그를 인정하라. 그리하면 네 길을 지도하시리라" 잠언 3:6.

하지만, 이런 나의 고백과 결심이 한 번으로 완전해지는 것은 아니었다. 다시는 세상 것에 마음을 두지 않겠다고 입술로 고백했고, 그 마음은 진심이었음에도 그 약속은 오래가지 못했다. 나는 약속을 지키는 신실한 내 모습을 보는 대신, 죄에서 떠나는 것과 그 악하고 견고한 죄의 진이 파해진다는 것이 얼마나 어려운지 실족하는 나의 모습을 통해 매일 경험하고 있었다.

그러던 어느 날이었다.

주말저녁 가까운 지인부부를 집에 초대해 식사를 함께 하기로 했다. 그들은 사업체를 잘 운영하여 성공해 있었고, 섬기는 교회에서 교회식구는 물론 주위 사람들에게도 베푸는 것에 인색함이 없었으며, 그런 도움과 베푸는 일을 기쁨으로 여기며 감당하는 선한 일을 많이 하는 부부였다. 그의 부인은 예쁜 장식용 꽃을 선물로 들고 왔다. 유쾌한 식사시간을 보내고, 뒷정리를 하고 있는 내 마음에 갑자기 그들과 함께 있는 것이 싫고 빨리 가버렸으면 좋겠다는 생각이 들었다. 여유를 누리는 그들의 모습에 시기심이 발동해서, 아무것도 이룬 것이 없는 초라한 우리와 비교가 되어, 그들을 마주하는 것 자체가 마음이 상하고, 빨리 가버렸으면 싶었던 것이다.

이런 내 마음을 아는지 그들은 곧 돌아가고 나는 그녀가 가져온 장식용 꽃을 물끄러미 바라보고 있었다.

사실 그들이 우리 집 현관문에 들어설 때만해도 나는 그들에게 맛있는 저녁을 대접하고 싶었고, 그녀가 가져온 꽃은 내 마음을 흡족하게 하는 아름다운 것이었다. 그런데 이젠 더 이상 그 꽃이 예뻐 보이기는커녕 눈에 너무 거슬려서 버리고 싶은 마음이 가득했다. 그래서 그 꽃을 덥석 안아서 밖으로 가지고 나갔다.

"내 눈에 보이지 않으려면 집 바깥에 있는 큰 쓰레기통에 버려야해."

그리고는 정말 내 입술이 뱉은 말 그대로 그 꽃을 쓰레기통에 던져 쳐 넣어버리고 집을 향해 돌아섰다. 그리고는 늦은 저녁 잠자리에 들었지만 잠이 오지 않아 이리저리 몸을 뒤척이고 있었다. 마음이 불편하다 못해 요동치는 것 같아 구석진 곳으로 가서 기도를 시작했다.

오랫동안 기도하며 평안을 구했으나 마음은 여전히 요동치고 있었고, 주님의 음성 역시 들리지 않았다. 사실 외적으로는 긴 시간 무릎을 꿇고 그분의 음성을 기다린다고 했지만, 내 내면의 모습은 그 분 앞에 고집을 꺾지 않은 채 그저 버티고 있을 뿐이었다. 그런 나를 향해 주님은 질책도 책망도 하지 않은 채 그저 침묵하실 뿐이었다. 이제는 상한 마음에 잠을 이루지 못하는 괴로움보다 기도가 막히고 있다는 것에 대해 괴롭고 고통스러웠다. 이윽고 내 모습에 대해 인정하기 시작했다.

'내가 왜 이럴까? 다시는 세상 것에 마음을 두지 않겠다고 했지만 왜 이렇게 안 되고 있는 걸까? 그들의 잘됨이 이토록 마음을 요동치게 하다니! 언제까지 안 되고 있을 것인가?'

세상 것들을 분토처럼 여기겠다고 결심했지만, 그러지 못하고 시기심이 발동하여 가까운 사람의 형통함을 축복해주지 못하고 있었다. 이런 속물근성과 낮은 자존감의 내가 못 견디게 싫었다. 이번에는 절대 이대로 물러서지 않겠다고, 물질의 매임에서 놓이고야 말겠다고 작정하며 이 문제를 해결 받겠다며 부르짖었다. 이 밤에 해결 받지 못한다면 매번 넘어져서, 동일한 훈련이 결코 끝나지 않을 것이기 때문이었다.

로마서 말씀을 펼쳤다.

처음부터 읽어가며 동이 틀 때까지 기도와 말씀묵상은 계속되었다. 지금까지 나라고 여기고 살았던 '나'화 되어버린 견고한 진들과 거듭난 내가 씨름하는 사이 날이 밝아왔다.

"내 속사람으로는 하나님의 법을 즐거워하되 내 지체 속에서 다른
한 법이 내 마음의 법과 싸워 내 지체 속에 있는 죄의 법으로 나를

사로잡는 것을 보는 도다. 오로라 나는 곤고한 사람이로다. 이 사망의 몸에서 누가 나를 건져내랴! 우리 주 예수 그리스도로 말미암아 하나님께 감사하리로다. 그런즉 내 자신의 마음으로는 하나님의 법을 육신으로는 죄의 법을 섬기노라" 로마서 7:22~25.

새벽까지 치르고 있는 영적전쟁은 바울의 고백이 살아서 역사함에 이어서 "육신을 따르는 자는 육신의 일을 영을 따르는 자는 영의 일을 생각하나니"(로마서 8:5)의 말씀이 나의 골수를 찔러 쪼개어 놓았다. 그리고 뒤이어 내 자신에게 물었다.

"나는 물질에서 놓였는가?"

이때 마음에 넉넉해진 평강이 찾아오며, 주님께서 내게 손을 내미시는 환상이 보였다. 그리고 내게 물으셨다.

"네가 세상의 복을 원하느냐? 하늘의 신령한 복을 원하느냐?"

그리고는 내가 미처 답을 드리기 이전에 다시 그 음성이 이어졌다.

"내가 너를 잘 아노니 너의 심령은 하늘의 신령한 복을 원하는 줄 아노라."

그리고는 손 만이 아니라, 하얀 세마포를 입으신 주님의 모습이 보였다. 빛으로 눈이 부시도록 환한 그 모습에 눈을 뜨고 있을 수가 없었다. 찰나에 느껴진 그 분의 모습은 더 이상 십자가를 지신 고난의 모습이 아닌 빛과 평강의 하나님이셨다. 감격으로 벅차올랐다. 세상에서는 절대로 얻을 수 없는 하늘의 평강이 내게 임했다. 세상 것들은 내 마음을 빼앗고 도둑질해 갈 뿐이었지만,

하늘의 신령한 것들은 심령 곳곳을 가득 채워주었다. 마음에 비춰진 내 모습은 기뻐서 춤을 추고 있었다. 천국이 이와 같을 것이라는 생각에 나의 속사람은 하늘의 신령한 복을 사모하고 있음이 확실했다.

"먹고 마시는 일에 누가 나보다 승하랴" 전도서 2:25.

해 아래서 모든 것을 누린 솔로몬 왕이었지만 이 모든 것들도 다 헛되고 헛되다고 했다. 솔로몬 왕과 어찌 비교할 수 있으랴만 천국의 비밀을 맛본 나는 정말 세상 것에 허무와 헛됨을 알아버렸다.

내 안에 있는 첫 번째 우상은 가장 원초적인 물질이었다. 아울러 탐심이 또 다른 우상이라는 것도 역시 알게 되었다. 오늘이야말로 그 우상들이 깨지고 멸하여지는 날이었다.

"그러므로 땅에 있는 지체를 죽이라 탐심은 우상숭배이니라" 골로새서 3:5.

그동안 비루한 환경 가운데 있다고 눌린 마음에 위축되어 담대하지 못한 것이 사실이었고, 그로 인해 못난 자괴감으로 부패된 옛사람이 떠나지 않은 채 남아있어 다른 사람의 잘됨과 여유로움에서 자유하지 못하고 있었다. 하지만 이제 나의 의지적인 것이 아닌, 하나님 나라를 누릴 수 있는 소유권을 허락해 주신 그분으로 인해 물질의 매임에서 놓이게 된 것이다.

"내가 궁핍하므로 말하는 것이 아니라 어떠한 형편에든지 나는 자

족하기를 배웠노니 나는 비천에 처할 줄도 알고 풍부에 처할 줄도
알아 모든 일 곧 배부름과 배고픔과 풍부와 궁핍에도 처할 줄 아
는 일체의 비결을 배웠노라. 내게 능력주시는 자 안에서 내가 모
든 일을 할 수 있느니라" 빌립보서 4:11~13.

빌립보서 4장 말씀은 다져지고 있는 나의 심령에 못이 단단한
곳에(이사야 22:23) 잘 박힘같이 내 가슴에 견고하게 새겨졌다. 하지
만 이것으로 끝은 아니었다. 새로운 일을 만나면, 나는 또 다른
내 부패한 모습을 보곤 했다. 이번에는 외적인 것에 매여 전전긍
긍하는 나의 모습이었다.

그날은 추수감사절(Thanksgiving Day)휴일이었는데, 미용재
료를 파는 나이지만 미용실에 가지 못하고 딸의 도움으로 집에
서 내 손으로 직접 펌을 했다.

처음 해보는 시도였는데, 설명서를 꼼꼼하게 읽고 그대로 더듬
거리며 하고 있던 터였다. 딸이 약속이 있어 외출을 해야만 했는
데, 내가 미덥지 못했던지 시간을 잘 지켜봐야 한다고 신신당부
를 하고 갔다.

나 역시 걱정 말라고 꼭 그러겠다고 딸을 안심시키고 보냈지
만, 웬걸 나는 다른 일을 하다가 시간에 대해 까맣게 잊어버리고
야 말았다. 갑자기 뒤늦게 생각이 나서 부랴부랴 머리를 풀어 보
니 너무 오랜 시간이 지나 머리카락이 심하게 손상되어 만지기
만 해도 부서져버렸다. 당연히 거울 속에 비친 내 모습이 우스꽝
스럽기는 말할 것도 없었다.

속이 상해서 눈물이 날 것 같은 그 순간, 친분이 있던 목사님께서 최근에 들려주신 말씀이 생각났다. 이 날을 마치 예견이라도 하셨던 듯 내가 머리를 계속 만지며, 모양과 외모에 신경을 쓰고 있는 모습이 영안으로 보이는데, 내 모습을 바라보시는 주님께서는 외적인 아름다움 보다 내면의 아름다운 마음을 더 사랑하고 계신다는 말씀이셨다.

목사님의 말씀은 틀린 것이 없었다. 나는 다른 것보다 유난히 머리모양에 예민하고 까다로운 편이었다. 그 말씀이 생각나긴 했지만 머리에 특별히 예민한 만큼 속상한 마음도 여전했다. 돈을 아껴보겠다고 미용실에도 안가고, 내 사정을 아시는 하나님께서 머리가 잘 나오도록 해주시기를 기도하고 있었기에 서운하고, 하나님은 심술궂은 분인 것 같다는 불평이 나왔다. 사실 그것은 전적인 나의 부주의였음에도 말이다. 그런 모습이 바로 나였다.

그동안의 훈련으로 나는 어떤 환경에 처하든지 자족하기를 배웠고, 다른 사람들이 누리는 풍족한 것에 대해 시기하지 않고 진심으로 축복할 수 있는 여유와 자유함을 누리고 있다고 자부했다. 물론 궁핍하기 때문에 여러모로 불편한 것은 부인할 수 없었지만 부끄럽지는 않았고 그 누구에게도 걸림이나 거리낌이 없었다. 하지만 외적으로 구차해 보이는 것만은 싫었다. 가난이 창피한 일은 아니지만 굳이 사람들에게 그 구차함을 드러낼 필요는 없다고 생각했다. 그런데 이제는 별 도리가 없었다. 난감한 마음으로 거울 앞에서 무참하게 망가진 머리를 만지며 한참을 바라보았다.

주님은 이번 부주의를 통해서 무엇을 알려주시려고 했을까? 그리고 오랜 시간 답을 주시기를 기다렸다. 그리고 역시 이번에도 깨달았다.

머리 모양은 세상적인 자존심으로 나의 마지막 보루였다.

외모에서나 외적으로 구차하게 보이지 않게 하는 것이 신앙인의 덕과 자존심을 지키는 일이라고 생각했다.

그러나 그 자존심은 곧 사람을 의식하는 바리새인들이 외식하는 것과 같은 것이었고 하나님만을 사랑한다고 하면서 나의 육신을 더 사랑하는 행위였다. 나는 물질에서 자유하고, 어떤 상황이든 자족하고 있기에 이만하면 충분하다고 생각했지만 주님은 내 마지막 보루까지 내려놓을 때에 모든 것에서 진정으로 자유할 수 있음을 말씀해주시는 것 같았다.

그것을 알고 나자 바울이 말한 완전한 일체의 비결은 자존심에서까지 자유할 수 있을 때임을 깨달았다. 이 일을 통해 또 다시 나의 어리석은 모습을 볼 수 있음을, 그리고 하나님이 주시는 메시지를 깨달을 수 있음에도 감사했다.

이런 커다란 교훈을 준 내 머리카락에도 감사했지만, 안타깝게도 만지기만 해도 부서지는 통에 그냥 둘 수는 없었다. 결국 아주 짧게 커트한 모습으로, 만나는 사람마다 깜짝 놀라하는 인사를 받을 때 획기적인 머리 스타일만큼이나 달라진 나의 속사람의 변화를 간증할 수 있었다.

결국 이 모든 시간에 했던 기도 그대로 응답된 것은 아니었지만, 그렇다고 하나님께서 내 기도를 듣지 않으시는 것도, 침묵하시는 것도 아니었다. 내가 할 수 있는 참된 고백은 하나님은 내 고난에 항상 함께 하는 분이시라는 것이었다. 그리고 다만 육의 고난을 통해 허물과 죄로 죽어있던 나를 살리셨고 새 영을 부어주셨다. 그래서 이제는 더 이상 그 시간을 고난이라고 표현하지 않기로 했다.

고난이 아닌 하나님께서 허락하신 훈련의 시간이었을 뿐이었다. 물론 훈련이 힘들지 않고 편할 리는 없으며, 하나의 훈련이 끝난 후 또 다른 훈련이 예비되어 있어 가끔 버겁기도 하지만 그 훈련을 받을 때 혼자 내버려두지 않으시고 언제나 성령님이 함께 하시며 나를 붙들어 주실 것임이 믿어졌다.

말씀만이 능력이라

믿음 뿐 아니라 성령님은 정말 항상 나와 함께 해주셨다.

과거 내 모습으로는 절대로 견딜 수 없는 힘든 상황을 견디면서 감사할 수 있었던 것은 내가 그만한 그릇이어서가 아니라, 성령님께서 여러 가지로 나를 가르치시고 인도해주셨기 때문이었다. 그 중에 하나가 앞서 말했듯 뜨거운 영적인 체험들이었는데, 그것으로 인한 기쁨이 너무 커서 다른 특별한 경험도 역시 사모하게 되었다. 그래서 주님께서 내게 표적을 보여 주시거나, 꿈을 통해 계시를 받게 되기를 기대하는 마음이 있었다. 예전에는 그런 모습의 신앙인들을 경시하곤 했는데, 그때는 내가 모르던 것을 그들은 알고 있었구나 싶기도 했다.

그러던 중 신령한 은사로 유명하신 L목사님의 부흥집회 소식을 들었다. 집회 중에, 어떤 사람은 기쁨의 영이 임해서 하루 종일 웃음이 그치지 않아 바닥에 뒹구는 이가 있다고 했고, 또 어떤 이는 영적 눈이 떠져 천국을 본다고도 했다. 이것도 나를 위해 예비된 것은 아닐까 싶은 마음에 기대를 가지고 집회에 참석했다. 그 소문이 아주 틀린 말은 아닌지 내 주변에 있는 사람들은 신령한 경험을 하고 있는 것 같았다. 나와 함께 간 일행 중 한 명 역시 그 목사님의 안수를 받고 쓰러진 후 몸 전체를 부르르 떨었으나 얼굴은 성령으로 충만해 보였다.

그런데 문제는 나였다. 주변에서 일어나는 그 놀라운 일들이 나에게는 전혀 일어나지 않았기에, 기도가 부족한가 싶어서 더욱 땀을 뻘뻘 흘리며 기도하고 있었다.

어느덧 땀으로 흠뻑 젖어있었는데 눈앞에 무언가 아른거렸다.

하얀 세마포를 입으시고, 너무나 큰 십자가를 등에 지고 힘겨워하시는 주님의 모습이었다. 내게는 대단한 표적도, 이적도, 신령한 그 무엇도 아닌 오직 그분이 고난 받으시는 모습만을 희미하게 보았을 뿐이었다.

거기에 모인 사람들은 모두 놀라운 영적체험에 들떠 있는데,

나는 그들과 아무것도 공유할 수도 나눌 수도 없이 혼자서 무거운 마음을 가진 채 집으로 돌아와야만 했다. 그래서 그 날 밤 주님께 여쭈었다.

"주님! 제게는 왜 기쁨이 아닌 고난의 모습만을 보여주셨나요?"

얼마 후 차분한 목소리가 귓가에 들렸다.

"오직 말씀만이 능력이다! 나는 너를 말씀 가운데 찾아가겠고 말씀 가운데 만나겠노라!"

그 음성은 실제같이 너무나 생생하게 들려왔다.

무슨 뜻일까 잘 생각해보니, 이것은 나를 향한 하나님의 정확한 배려였다. 이전의 내 모습은 이성을 중시하고 열정만으로 치우치는 신앙을 경시했으나, 영적 체험을 하면서 그런 태도를 회개했었다. 하지만 문제는 그 영적 체험이 너무나 기쁘다보니, 어느덧 나 역시 영적 체험만을 사모하는 치우친 신앙으로 향하고 있었는데, 하나님은 영적 감성과 지성의 균형을 이룰 수 있도록 여러 면에서 공급하고 제한하고 계시다는 것을 알았다. 그리고 어떤 신령한 것보다 오직 말씀만이 능력이라 하신 것이었다.

그 뿐만 아니라 그날 희미하게 보았던 주님의 십자가 고난의 모습은 내가 견디기 힘든 연단의 과정을 지날 때마다 상기되었고, 그 상황을 견디어 낼 힘을 공급해주었다.

그 밤에 찾아오신 주님으로 인해 더 이상 신령한 것만을 사모할 필요가 없게 되었다. 매일 말씀을 읽고 묵상도 했지만, 말씀을 깨닫는 분별력과 바른 지식이 없어 말씀을 붙들고 산다는 것을 모르고 있었던 나라는 것도 알게 되었다.

그 이후 나는 기도를 하고나면 성령께서 깨달음이나 말씀을 주실 때까지 기다렸다. 대부분의 경우 꽤 오랜 시간을 기다려야 했지만, 주실 때까지 중간에 포기하지 않고 기다리며 그 자리를 떠나지 않았다. 그런 기다림의 시간이 지나면 말씀 구절들이 공중에 또박또박 적혀져 눈을 감고 있어도 보였다. 성경을 펼쳐 읽어보면 내게 주신 말씀이라는 것이 깨달아져 신기하기가 이루 말 할 수가 없었다.

때마다 상황에 맞게 말씀으로 인도하시고 응답하시는 그 방법을 통해 하나님께서 내 삶을 인도하고 계심을 점점 확신하게 되었고, 말씀만이 능력임을 경험하고 있었다. 물론 말씀으로 인도하신다는 것이 고통이 전혀 없는 성공적인 삶을 보장해주는 것이라거나, 즉각적인 어떤 해결함이 있다는 뜻은 아니었다. 말씀을 통해 그 상황을 견딜 힘과 하나님의 선하심으로 인한 소망함이 내 마음을 주관한다는 것이었다.

일례로 두 번째 가게가 아직 정리되기 전 일이었다.

그날도 절박한 기도를 마치고 침묵하는 가운데 공중에 성경말씀 두 구절이 공중에 적혀있는 것을 보았다.

하박국 3장 17~18절과 말라기 4장 2절 말씀이었다.

혼동이 왔다.

어느 말씀을 주신 것일까?

다시 눈을 감고 확신이 들 때까지 기다렸다.

시간이 꽤 흘렀지만, 두 말씀은 지워지지 않은 채 공중에 그대로 적혀있었다.

성경을 펴서 말씀 구절을 모두 읽어본 후 그 즉시는 이해되지 않았지만, 약간의 시간이 흐른 후 모두 나에게 주신 말씀이라는 것을 알았다.

"비록 무화과나무가 무성치 못하며 포도나무에 열매가 없으며 감람나무에 소출이 없으며 밭에 먹을 것이 없으며 우리에 양이 없으며 외양간에 소가 없을지라도 나는 여호와로 말미암아 즐거워하며 구원의 하나님으로 말미암아 기뻐하리로다" 하박국 3:17~18.

상황을 보면 희망이 없고, 문제가 해결될 기미도 보이지 않지만, 그럼에도 기뻐하는 것은 선하신 하나님은 이 모든 것을 알고 계시고 언젠가 회복하실 분이심을 믿기에 기뻐할 수 있다는 것이었다.

그 말씀처럼 내 마음도 기쁨으로 인해 입술에서 찬양이 흘러나왔다. 절박한 상황이긴 하지만 여호와로 인하여 즐거워하며 나의 구원의 하나님으로 인해 기쁨의 찬양을 드릴 수 있는 심령이 되는 일이 말씀대로 이루어진 것이었다. 아무리 힘들어도 마음에 희망과 기쁨이 있으면 사람은 견딜 수 있다.

다른 하나는 말라기 말씀이었다.

"내 이름을 경외하는 너희에게는 공의로운 해가 떠올라서 치료하

는 광선을 비추리니 너희가 나가서 외양간에 나온 송아지 같이 뛰
리라" 말라기4:2.

언제인지 그때는 알 수 없지만, 내가 온전하게 회복될 것임이
믿어졌다.

이런 일이 있을 때마다, 점점 세상에서는 경험할 수 없는 하나
님 나라의 특별한 비밀을 누리는 것과 말씀 가운데 찾아오시는
그분으로 인해 다른 어떤 일보다 나만의 골방으로 뛰어 들어가
그분만을 만나고 싶었다.

이것이 바로 내가 그토록 기다리던 하나님이 주시는 피할 길
이 아니었나 싶다. 하나님께 드리는 기도는 아무것도 땅에 떨어
지는 것이 없다는 생각이 든다. 그 이후로도 그런 체험과 깨달음
이 이어졌다.

"너희는 주께 받은바 기름 부음이 너희 안에 있어 아무도 너희를
가르칠 필요가 없고 오직 그의 기름부음이 너희 안에 가르치며 또
참되고 거짓이 없으니 너희 가르치신 그대로 주안에 거하라" 요한일
서 2:27.

참되고 진실 되어 모든 것을 가르쳐 주시는 성령께서 함께 거
하고 있으니 오직 그분의 가르치심을 받은 그대로 그리스도 안
에서 거하는 삶을 살아가라 하신 것이다.

또 어떤 날은 학개서 2장 3~5절 말씀을 주셨다.
"너희 중에 남아있는 중에서 이 성전의 이전 영광을 본 자가

누구냐…"로 시작되는 이 말씀은 그 옛날 솔로몬이 찬란하게 건축했던 하나님의 성전이 폐허가 되어 하찮은 것이 되었을 때 하나님께서 여호사닥의 아들 여호수아 제사장과 남은 이스라엘 백성들을 향해 "너희는 스스로 굳세게 할지어다"라는 말씀으로 격려와 함께 재건을 명령하셨다.

그리고 성전이 완성될 때에는 당신의 영광이 이전 성전보다 더 크게 나타나실 것을 약속하시고 5절에 "내 영이 아직도 너희와 함께 있으니 두려워말고 일하라"라고 하는 말씀이었다.

이 말씀은 폐허 속에 놓여있는 나에게 "스스로 굳세게 할지어다"라는 말씀처럼 느껴져, 답답한 현실을 지날 때마다 마음을 강하게 하고, 악해지거나 약해지지 않도록 내 마음과 생각을 지킬 수 있었다. 내가 어떤 고생의 시간을 지났던지 자랑할 수 없는 것은 그 모든 것이 내 힘이 아닌 하나님의 힘이고 인도하심이었기 때문임을 고백할 수밖에 없다. 정말 나로서는, 하나님을 만나기 전 내 모습으로는 절대로 할 수 없는 일이었다. 하나님은 그렇게 천천히 나를 다시금 빚어가시며 내가 하나님이 사람으로 변화되기를 기다리고 계셨다.

제2부

가족을
회복시키시는 하나님

내가 죽어야 그가 산다

 신앙이 자라고, 믿음이 견고해지는 것에는 두 분
교사의 가르침이 있었기에 가능했다.

한 분은 나의 위로자이자 상담자 되시는 영적 교
사인 성령님과 또 다른 한 사람은 육신의 선생인 나의 남편이었
다. 둘 모두의 가르침은 내게 유익이 되었지만, 그 둘의 방법은
상당한 차이가 있었다.

성령님은 상한 심령을 싸매 주시며 따뜻하게 훈육하시고 때로
는 엄격하지만 지극한 사랑 가운데 깨우침을 주시나, 남편은 냉
정하고 강퍅하여 나 스스로 감내하며 그의 뜻을 스스로 알아내
야 했다. 남편을 통한 가르침은 상한 마음의 상처를 붙잡고 많은
인내를 요구하며 깨우쳐야 했다. 하지만 그 강퍅함도 하나님이
나를 위해 사용하는 훈련 도구였으며, 그 스스로 원하지 않은 교
사가 되기 위해 그 자신의 의지와 상관없는 훈련을 나로 인해 함
께 받아야했기에 그도 너무 힘든 시간을 보내왔다.

치우친 신앙을 가진 사람들을 경시하며 마음으로 비판했던 내

가 어느덧 치우친 믿음생활을 통해 수많은 시행착오를 범하고 있었다는 것을 뒤늦게 깨달았다.

신앙생활을 내 의로 여기고, 열심을 내다가 남편을 하나님으로부터 멀어지게 했으며, 내가 영적으로 가장 충만하다고 느끼던 그 순간에 남편을 버려두어, 남편은 가장 외롭고 힘든 시간을 보내왔던 것이었다. 남편의 구원을 위하여 눈물을 흘리며 철야기도를 했고, 밤낮으로 엎드려 "주님! 나는 할 수 없습니다. 오직 주님께서 만나주시고 구원하여 주시옵소서!"라고 기도하면서도, 기도를 마치고 일어서면 하나님이 남편에게 향하신 마음이 아닌, 내가 하고 싶은 대로, 내 생각과 방법대로 결정했고 행동했을 뿐이었다. 밤낮으로 드렸던 내 기도가 얼마나 간절했던지 상관없이 그것은 중언부언하고 있는 것에 지나지 않았다. 다만 그때의 내 모습을 보는 눈이 닫혀 있었다. 정말이지 전혀 몰랐다.

하루는 견디다 못한 남편이 말했다.
"당신은 내가 건너갈 수 없는 강을 이미 건너가 버린 것 같소! 7년 동안 사랑하고 결혼한 그 때의 당신이 아닌 낯선 사람같이 변해버려 마음이 허무하고 서글퍼지는군!"

무척이나 참다가 던졌을 그의 말에 나는 조금도 흔들리지 않았다. 그가 무슨 말을 하든지 내가 생각하는 것은, 남편은 도대체 언제쯤 하나님을 받아 들일지만 궁금했고, 내 기쁨을 위해 은혜의 자리나 부흥 집회 등을 찾아다녔다. 교회에서는 열심히 봉사했고, 작정새벽기도며 철야기도를 한다고 새벽녘에 집에 들어가는 날도 많았다.

그러던 어느 날 금요 저녁예배에 가려고 나서는데 남편이 갑자기 내 두 손을 굳게 잡고는 놓아주지 않았다. 그리고는 내 앞을 가로막으며 오늘만큼은 혼자 있고 싶지 않으니 제발 교회에 가지 말고 집에 있어달라고 부탁을 했다. 그 대신 집에서 기도할 수 있도록 방해하지 않을 테니 제발 집에만 같이 있어달라고 애원하며 손을 도무지 놓아주지 않는 것이었다.

나는 집에 같이 있으며 내가 혼자 기도하는 대신, 잠깐이라도 함께 교회에 가서 기도하고 오자고 제안했지만 남편은 단칼에 "싫다"는 답변을 던졌다.

내 유일한 기쁨인 교회 가는 일을 방해하는 그가 원망스러워 나 역시 매몰차게 손을 뿌리치고 집을 나섰다. 그리고 철야를 하며 하나님께 부르짖었다.

'하나님! 남편은 왜 변하지 않죠? 제발 변화시켜 주시옵소서.'

남편을 향한 내 기대치가 채워지지 않음에 탄식하며 미움과 불평으로 밤을 새우고 있었다. 내가 남편에게 원하는 것은 오직 하나, 신앙생활 함께 하는 것뿐이라는 것을 잘 알고 있으면서 꼼짝도 해주지 않는 남편이 그렇게 원망스러울 수가 없었다. 그저 남편이 너무 미웠다.

그 당시 나는 말씀의 기초가 없었고, 그저 은혜에만 충만했던 때라, 그의 구원을 위해 내 가슴을 찢고 탄식하며 울어야 했지만, 나는 그의 영혼이 아닌 그와 함께 신앙생활을 하지 못하고 있는 나에게만 관심이 있었다.

"내 백성이 하나님을 아는 지식이 없어 망하는도다"(호세아 4:6)라는 말씀
과 같은 무지한 신앙생활을 하고 있는 것이었다.

당연히 우리의 관계는 점점 소원해져갔다.

남편은 남편대로, 나는 나대로 서로를 향한 서운함으로 마음을
가눌 길이 없던 어느 날, 친지로부터 부흥집회를 같이 가자는 전
화가 왔다. 이렇게 힘들 때에 하나님이 아니면 내 마음을 누가 알
아줄까 하는 심정으로 당연히 같이 가겠다고 대답했고, 저녁식사
를 마칠 즈음 남편에게 집회에 다녀오겠노라고 통보했다. 내 말
을 들은 남편은 정색을 했다.

"지금 나가면 당장에 이혼할 테니 알아서 해!"

그러자 나는 의기양양해하며 남편에게 소리쳤다.

"하나님은 절대로 우리를 이혼하게 하시지 않을 거예요!"

그리고는 식탁에서 말을 이어가고 있는 남편의 말에는 전혀
귀를 기울이지 않은 채 집을 나왔다.

집회 장소에 거의 도착할 무렵 남편에게서 전화가 왔다.

"마지막으로 하는 말이야. 지금이라도 돌아와"

"갈 수 없어요."

나는 단칼에 거절을 하고 집회에 온전히 참석한 후 자정이 다
되어 집으로 돌아왔다. 내가 돌아온 것을 보자 남편은 그동안 많
은 고심 가운데 있었는데, 이번 일을 계기로 나에게서 마음이 완
전히 돌아설 수 있게 되었다는 기가 막힌 말을 던지고는 방으로

들어가 버렸다.

그동안의 많은 고심...그랬다. 남편은 계속해서 괴로움을 호소해왔다.

"우리가 옛날같이 돌아갈 수 있을까? 지금까지 행복한 가정을 이뤘다고 생각하며 살았는데…."

남편은 내가 너무 변해버렸고, 되돌릴 수 없을 거라는 생각이 들었으며 이제는 가정이 깨어져버렸다고 슬퍼했다. 내가 다른 세상에 있는 동안, 남편은 혼자 있는 시간이 너무 외롭다고, 자신의 외로움을 돌아봐달라고 수차례 말했지만 나는 그의 호소에 전혀 마음이 움직여지지 않았다. 그게 뭐 그리 힘든 일이라고, 나와 신앙생활을 함께 해주지 않는 남편이 너무 미워 그가 받고 있는 상처는 전혀 보이지 않았다.

가장 가까이에 있는, 그리고 하나님께서 하나로 묶어주신 남편을 향한 원망과 미움을 품은 채 열심을 내는 신앙생활은 그릇된 지식이 낳은 열정에 지나지 않았다. 남편과 신앙생활을 하고 싶다는 소원이 컸고, 그렇게 기도했지만, 사실 내 어리석고 지혜롭지 못한 언사는 남편이 복음 안에 들어오는 길을 가로막고 있던 것이었다.

얼마 후 이번에는 남편과 가까이 지내는 친지의 아내가 집회를 가자고 연락이 왔다. 그 전에도 이미 이기적인 내 행동으로 남편이 상처를 받은 터라, 그의 태도에 눈치를 살피고 배려했어야 했지만 그러지를 못했다. 집회에 너무 가고 싶은데, 자신의 차에 문제가 생겼다며 나에게 차로 자신을 데려가 달라고 부탁하는 그녀의 말을 거절하고 싶지가 않았다. 더구나 이번에는 내 친구가 아니고, 남편이 잘 아는 사람이니 당연히 수긍해줄 것이라고 생각하며 집을 나서려고 했다.

"다녀올게."

"뭐? 당신 우리가 지금 얼마나 심각한 상태인 줄은 알고 가겠다고 하는 거요?"

남편이 불같이 화를 냈다.

"그럼 어떻게 해요? 가고 싶은데 차가 없다잖아요"

"집에 있어요. 다시 말하는데 가만히 집에 있으라고."

"뭐? 가고 싶은데 차가 없다잖아요. 어쩌면 그렇게 이해심도 없고 강퍅해요? 사람이?"

나를 기다리고 있을 그녀의 집에 가기 위해 남편에게 핀잔의 말만 마구 늘어놓은 채 집을 나섰다. 남편의 행동은 아무리 생각해도 남자답지 않았다. 너그럽지도 못했고, 이해심도 없으며, 포용력 역시 없었다. 왜 화를 내는지 도무지 이해할 수가 없었다.

당연히 그녀를 태우고 교회에 갔고, 집회는 밤 11시가 되어서야 끝이 났다. 그리고 좋은 일인지 나쁜 일인지, 그녀는 가는 방향이 같은 일행을 만나서 그들과 함께 차를 타고 집으로 돌아가고, 나는 혼자서 집으로 돌아오게 되었다.

운전을 한지 30분쯤 지났을까? 느낌이 이상했다. 이만큼 왔으면 집 방향으로 가는 91번 표지가 보여야 하는데, 대신 생소한

길 이름들만 보일 뿐이었다. 사실 집회장소가 초행길이어서 가는 길을 메모하면서 찾아갔었는데, 돌아오는 길 밤눈이 어두워 신경을 바짝 쓰며 고속도로를 탔지만 잘못 들어섰던 것이었다.

그때부터 길을 헤매기 시작했다. 몇 번을 반복해서 갈 때 갔던 길을 복기해서 돌아와 봤지만, 여전히 나는 헤매고 있었다. 그렇게 동일한 장소를 두 시간째 헤매이고 있는데 이제는 설상가상으로 계기판에 연료가 없다는 사인이 깜빡거리기 시작했다. 내게는 카드도 현금도 아무것도 없었다. 더욱 당황하자 방향감각마저 상실해버렸다. 두려움과 당황스러움으로 허둥대는 나 자신을 향해 진정하자고 다독이며, 다시 고속도로에 진입하기 전의 장소로 돌아와서 차를 세우고 가만히 기다렸다.

때마침 건너편에 경찰차가 보이기에, 정신없이 뛰어가 도움을 청했다. 경찰은 친절하게 길을 알려줬고, 그의 말대로 다시금 고속도로에 진입했는데 이게 웬걸 내가 2시간이나 헤매던 그 장소로 다시 돌아오고 만 것이었다. 이제는 울먹이며, 불안과 긴장이 덮쳐왔다.

"하나님! 제발 집으로 가는 길을 인도해 주세요."

이제 새벽3시, 칠흑같이 어두운 대로에 차들은 속도를 내며 달리고 있었고, 암담한 마음에 그 차들을 보는 중에 내 차가 갑자기 길에 서버리고 큰 사고가 나게 되는 비극적 상상이 머리에서는 벌어지고 있었다.

이런 순간에 내가 도움을 청할 곳은 남편뿐이었다. 남편에게

잔뜩 핀잔을 주고 나왔던 터라, 전화를 하지 않으려 망설였지만 어쩔 수 없었다. 남편에게 전화를 할 수밖에 없었다. 벨 소리가 한참 울리고야 남편이 전화를 받았다.

"여보, 길에서 몇 시간째 헤매고 있어서 나 너무 무서운데 당신이 와주면 안돼?"

한참 아무 소리 없던 남편의 볼멘소리가 들려왔다.

"당신이 믿는 하나님한테 물어봐야지 그걸 왜 나한테 물어보는 건데? 남편보다 더 좋다고 하는 당신의 하나님이 해결해 주는 것이 당연하지 않겠어? 나는 상관하고 싶지 않아!"

그리고는 야멸치게 전화를 끊어버렸는지, 남편의 목소리 대신 전화 신호음만 들릴 뿐이었다. 기가 막혔다. 머릿속에는 남편이 했던 말들이 계속 맴돌았다.

'하나님! 들으셨죠! 그이가 너의 하나님한테 물어보라고 합니다. 듣고 계시죠!'

이렇게 화가 나서 혼잣말을 하고 있는데, 너무 기가 막혔던 탓일까?

이젠 더 이상 무서운 것이 없었다. 그저 남편의 강퍅함이 서운할 뿐이었다. 도움을 청할 곳이 없으니 이제는 될 대로 되라는 심정으로 무작정 운전해서 가고 있는데, 내가 그토록 보고 싶어 하던 91번 사인이 크게 눈에 들어왔다.

반가움과 안도감으로 진정이 되자, 도대체 이 길에서 왜 헤맸었는지 이해가 되지 않았다. 일단은 집에 들어가고, 날이 밝으면 다시금 그 장소를 가서 꼭 확인해봐야겠다고 생각하며 집으로 돌아왔다.

집에 도착해, 차고에서 내려 집에 사고없이 무사히 집에 돌아올 수 있게 해주신 것에 감사기도를 하고 있는데 문득 차에 가스가 없었다는 것이 생각났다. 연료가 없었는데 어떻게 고속도로를 세 시간 이상 달릴 수 있었던 것인지 의아했다. 아무래도 우연 같지는 않았다.

그 다음날 아침 기도를 하는데, 하나님께서는 남편의 모든 말들을 들었노라고 답해 주셨다. 그리고 그 길을 다시 가볼 필요가 없다고도 답해주셨다. 길을 헤맨 것은 이상한 일도, 이해할 수 없는 일도 아니었으며 하나님이 어떤 의도를 가지고 헤매도록 하신 것은 더욱 아니었다. 단지 당황하면 곧바로 이성을 잃고, 두서없는 행동을 하는 내 부주의에서 기인한 것이었으며, 그것은 누구에게 일어날 수 있는 일이었다.

내 부주의에는 나 역시 바로 인정을 했다. 하지만 그날 남편이 내게 했던 말은 하루 밤을 자고 일어난 후에도 너무 기가 막혔다. 어려움에 처한 나에게 와주지 않은 그에 대한 원망으로 견딜 수가 없었다. 다시금 지난밤에 겪은 괴로움을 호소하며 강퍅하기 그지없는 남편과 더 이상 함께 살 수 없다고 결정을 내리고는, 하나님께서 나의 이 결정에 편들어 주실 것을 간절히 기도했다.

'주님! 도무지 변할 것 같지 않은 그에게 아무런 기대가 없습니다. 함께하지 못하는 신앙생활이 너무나 괴롭습니다. 서로에게 배려도 신뢰도 없어져 버린 것 같아 소망이 없습니다. 남편을 포기하고 싶습니다. 헤어지고 싶습니다. 그렇게 할 수 없다면 차라리 죽겠습니다. 우린 그 어떤 것도 함께하지 못하고 있습니다. 오직 함께하고 있는 것은 물질의 어려움뿐입니다. 더 이상 살고 싶지 않습니다. 주님! 저를 데려가 주세요.'

기도는 그렇게 했지만 막상 죽는다고 생각하자 갑자기 억울해졌다. 하나님을 사랑해서, 말씀의 자리로 간 것 뿐 내게는 아무런 잘못이 없는데 내가 왜 이런 고통을 당해야 하며, 죽음까지 불사해야 하나 싶었다. 그렇게 한참 앉아있는데 다시금 눈앞에 넓은 대로의 사거리가 환상이 펼쳐지기 시작했다.

그 사거리가 점점 내게 가까워지더니 도로 바닥에 붉은 색으로 크게 적힌 "STOP"이라는 사인이 보였다(미국은 신호등이 없는 거리에는 도로바닥에 STOP이라고 적혀있어서, 차는 일단 그 지점에서 일시정지를 하고, 먼저 도착한 차 순서대로 지나가게 되어있다)

그리고 이내 그 "STOP"이라는 글자는 점점 가깝게 다가와 아주 선명하게 보였다. 그리고 곧이어 주님의 음성이 들렸다.

"네가 죽지 않고 살아있어 내가 일을 할 수가 없구나. 죽기를 원한다고 했느냐? 그렇다면 이제부터 너의 자아는 죽었으며 죽은 자는 말을 할 수도 미움도 원망도 할 수 없단다. 죽은 자가 혈기와 분을 낼 수 있겠느냐? 억울함 또한 알 수 없을 것이며 오직 네가 죽음으로 너의 남편이 구원을 얻을 것임이라."

내 심령에 들리는 그분의 말씀으로 머리가 확 하고 반으로 쪼개어져 열리는 느낌을 받았다.

"STOP"사인이 의미하는 것이 무엇인지 알 것 같았다.

잘못된 신앙생활의 원인은 나의 강한 자아, 살아있는 내 의가 문제였다. 남편에 대해 이해하려고 하거나 배려하지 않고, 내가 원하는 일, 즉 신앙생활을 함께 하지 않는 것에 대한 미움과 원망을 품은 채 매사에 독단적으로 결정하고 행동하는 나의 이기심, 그리고 내가 원하는 대로 해주지 않으면 나를 향한 배려심이 없으며, 너그럽지 못하고 속이 좁은 사람으로 단정해버리는 나의 편협함이 문제였던 것이었다.

"때가 오래 되었으므로 너희가 마땅히 선생이 되었을 터인데 너희가 다시 하나님의 말씀에 초보에 대하여 누구에게서 가르침을 받아야 할 처지이니 단단한 음식은 못 먹고 젖이나 먹어야 할 지가 되었노라" 히브리서 5:12.

열심히 믿는다 하면서도 여전히 초보에만 머물고 있는 나의 정지된 신앙상태를 알려주신 것이다.

하지만 의문이 일어났다. 내가 그동안 드렸던 그 많은 기도와 행위들이 내 의와 자아로 했던 것이었고, 그것이 하나님이 원하시는 것이 아니었다면, 도대체 어떻게 했어야 했단 말이던가?

진심으로 내 삶의 우선순위(Priority)는 분명히 하나님이셨다.

곧이어 마음에서 답이 얻어졌다. 그분이 우선순위였던 것은 사실이지만, 정작 내 삶의 우선순위인 그 분이 어떤 분인지 모르고 있었다는 생각이 들었다. 그저 내 일방적인 생각이고 판단이었지, 하나님이 정말 어떤 분이신지 깊이 알지를 못했고 알려고 한 적도 없었다.

'주님께서 역사하시옵소서. 주님께 맡기옵니다. 주님께서 일하시옵소서!'라고 기도했지만 나는 맡긴 적이 없었다. 다만 내가 아는 지식과 경험을 동원해서 지혜를 짜내고 있을 뿐, 그분이 일하시도록 내어드리고 신뢰하고 맡겨드리며 기다려야 함을 몰랐던 것이었다.

하나님은 내 열심보다는 하나님 당신이 어떤 분이신지 내가 알기를 원하고 계셨다. 하나님과의 온전한 관계가 되기 위해서는 그분을 알기 위해 힘써야했다.

> "오라 우리가 여호와께로 돌아가자 여호와께서 우리를 찢으셨으나 도로 낫게 하실 것이요 우리를 치셨으나 싸매어 주실 것임이라 여호와께서 이틀 후에 우리를 살리시며 셋째 날에 우리를 일으키시리니 우리가 그의 앞에서 살리라 그러므로 우리가 여호와를 알자 힘써 여호와를 알자 그의 나타나심은 새벽 빛 같이 어김없나니 비와 같이, 땅을 적시는 늦은 비와 같이 우리에게 임하시리라 하니라" 호세아 6:1~3.

하나님의 성품, 마음, 섭리, 뜻, 속성, 역사하시는 방법 등을 깨닫고 볼 수 있어서 하나님과 함께 인격적인 소통을 원하고 계심을 깨닫게 되었다. 그 인격적인 소통을 위해 그분을 제한하고 단정해버리는 내 자아가 죽고 의가 부서져야 한 것이다.

질그릇과 같은 나의 심령에 하나님의 보배가 담겨졌다. 이제는 일방적인 기도가 아니라, 하나님과 인격적인 소통이 시작되었으며, 위기상황에 대처할 능력이 생겼다. 배워야 하는 일이 아니라, 내 안에 잠재되어 있는 것이니 끄집어내면 된다고 생각했다.

또 한 가지 의문이었던, 차에 가스가 없었는데 어떻게 세 시간 이상을 운행할 수 있었을까 하는 점에는 내 상식으로 이해가 되지 않았지만 하나님은 상식을 뛰어넘는 분이시니 아마 개입해주신 것이 아닐까 싶었다. 물론 나로서는 그분이 어떻게 그 일을 하셨는지 알 길이 없으나, 한 가지 확실한 것은 나의 강한 자아와 의를 깨뜨려 주신 이가 다른 어떤 일도 못하실 리가 없다는 확신이 들었다.

남편을 향한 원망으로 살 소망이 없다고 불평의 기도로 시작했지만, 성령 하나님께서는 하나님을 알지 못하는 무지함이 나의 못된 자아 때문이라는 것을 알려주셔서, 회개의 심령으로 이끌어 주신 것으로 응답하셨다. 회개를 마치자 권면과 말씀으로 다시 화답해 주셨다.

성령님께서는 남편을 세워주고, 인정해주며 가장의 권위를 세워주어야 하고 나로 인하여 닫히고 상처 난 마음을 사랑으로 싸매어 주어야 한다고 했다. 오직 남편을 향한 순종과 온전한 사랑만이 남편이 주님을 만날 수 있는 통로가 될 것이라고 희망의 말씀을 주셨다.

"내 형제들아 만일 사람이 믿음이 있노라 하고 행함이 없으면 무슨 유익이 있으리요. 그 믿음이 능히 자기를 구원하겠느냐.(중략) 이와 같이 행함이 없는 믿음은 그 자체가 죽은 것이라. 어떤 사람은 말하기를 너는 믿음이 있고 나는 행함이 있으니 행함이 없는 네 믿음을 내게 보이라 나는 행함으로 내 믿음을 네게 보이리라 하리라. 네가 하나님은 한 분이신 줄을 믿느냐 잘하는도다 귀신들도 믿고 떠느니라. 아아 허탄한 사람아 행함이 없는 믿음이 헛것인 줄을 알고자 하느냐.(중략) 네가 보거니와 믿음이 그의 행함과 함께 일하고 행함으로 믿음이 온전하게 되었느니라" 야고보서 2:14~22.

말씀에 도전이 이제는 내 자아와 의로 하는 행위는 죽고 장사되었으니 오직 성령을 통해 의뢰하고 양육받아 성장하리라 다짐했다.

순종과 사랑만이 그를 살릴 수 있다

내 자아와 의는 죽었노라고 다짐했지만 남편의 변화를 감당하기는 쉽지가 않았다.

남편과 관계가 소원해진 것은 진작부터였지만, 남편이 내가 감당하기 어려울 만큼 방황하기 시작한 것은 가게를 정리하던 2005년부터였다. 이전과는 달리 이유없이 화를 내고, 이기적인 행동을 서슴지 않았으며, 불편하고 싫은 것에 대해 참아주지를 않았다. 나에게 뿐만이 아니라 아이들에게 조차 그렇게 대하는 것을 볼 때 내 마음에 괴로움이 쌓여만 갔다.

남편은 가족밖에 모르던 사람이었다.

언제나 나와 아이들이 원하는 모든 것을 해주고 싶어했고, 실제로 해주려고 노력했던 사람이었기에 우리로 인한 상처도 그만큼 깊은 것 같았다. 그동안 남편에게서 무조건 받기만 하다가, 몰라보게 변해가는 남편을 보며 이제는 나도 외롭고 괴로웠다. 무엇보다도 괴로운 것은 그가 말할 수 없는 분노로 가득해서, 우리 가정 파탄의 원인은 하나님 때문이라고 힐난하는 것이었다.

"당신이 하나님을 믿지 않았다면 우린 이렇게 되지 않았을 거야, 당신의 그 도를 지나친 신앙이 우리를 이렇게 만들었어. 우리 사이가 회복되기를 원한다면 당신이 교회와 신앙생활을 끊어야 해."

그 말을 들을 때마다 내 마음이 무너져 내렸다. 나는 이 상황에 하나님이 아니면 결코 견딜 수가 없는데, 나에게 교회를 끊으라고 하면 어쩌라는 말일까 싶었다. 복음에 대해 전하고 싶었지만, 받아들일 마음이 전혀 없는 남편에게 그럴 수가 없었다.

그 당시에는 이해하지 못했지만 남편의 말도 틀린 것은 아니었다. 나는 물론 내 딸과 아들은 어릴 적부터 신앙생활을 시작했고, 우리는 신앙적으로 통하는 것이 있고 나눌 것이 있었지만 남편은 아니었다. 세상에서 가장 따뜻하고 행복한 가정에 들어와도 남편은 자신의 마음을 알아주고 보듬어줄 가족, 나눌 수 있는 가족이 없었다. 우리 모두 남편과는 다른 세계에 살고 있었던 것이었다.

그래서 그랬을까?

남편의 방황은 3년 가까이 계속되었다. 주중주말 상관없이 골프를 치러 갔고, 저녁에는 피치 못할 약속이라며 대부분의 시간을 밖에서 보냈다. 어떤 사람은 식료품 살 돈도 없네 어쩌네 하더니 무슨 돈으로 골프를 쳤느냐 할 수도 있겠지만, 미국은 한국보다 골프가 대중화되어 있어서 20달러 정도만 있어도 하루 종일 필드에 나가 즐길 수가 있었다.

남편은 그렇게 골프, 내기 골프, 술 약속 등으로 매일 집을 비웠다. 한집에 있으나 볼 수 없는 때가 많아 어쩌다 마주치면 마음을 돌이켜보라고 눈물로 호소하며 사정해 보았지만 그의 마음은 냉랭하게 식어있었다.

마음을 잡지 못하던 남편에게 행운인지 불행인지 새로운 사업의 길이 열렸다.

신용을 잃은 뒤로 다시는 재기할 수 없을 것 같았는데, 지인의 제안으로 한국에서 에너지 드링크를 수입해서 미국 전역에 납품하는 일을 시작하게 되었다.

일을 시작하니 활기가 생기긴 했지만, 초기 투자비용이 만만치가 않았다. TV광고도 해야했고, 사람이 많이 모이는 야구장 전광판 등에도 광고를 해야 했다. 일단은 홍보가 필요하다는 생각에 1~2년간 광고에 주력했는데, 나가는 지출에 비해 수익은 너무나 미미했다.

결국 사업을 제안했던 지인은 더 이상 비용을 감당할 수 없어 사업을 지속하기가 어렵다며 손을 들었고, 둘이 해도 힘든 사업을 남편 혼자서는 감당하기란 당연히 무리였다. 이 상황에 아마 남편은 하루하루가 너무 힘들고 위로가 필요했을 텐데, 나는 남편을 이해하지 못했다.

이 힘든 와중에 우리에게 힘이 되어주셨던 시부모님 마저 돌아가셨다.

이제 더 이상 경제적인 도움은 기대하기가 어려워졌다. 이제 더 이상의 소망은 없다고, 이대로 살다 죽으면 그만이라고 자포자기하는 순간까지 왔지만 나는 사실 죽을 수도 열심히 살 수도 없어 고통스러울 뿐이었다. 그리고 그 마음은 남편 역시 마찬가지였을 것이다. 그래서 나는 하나님께 매달렸다.

'하나님은 그에게 어떻게 역사하실까?

그분은 과연 우리 가정을 위해 일하고 계실까?

남편은 왜 하나님 앞에 나오지 못할까?

죽을 만큼 힘들고 소망이 없다고 하면서 왜 하나님을 찾지 않을까?

나의 믿음이 행함과 함께 일하지 못하고 있어 온전치 못한 믿음 때문에 그분의 때가 이르지 못한 것일까?

나의 한계가 여기까지일까?"

탄식하며 기도해보았지만, 주님은 그 전과 동일한 말씀만을 들려주실 뿐이었다.

"남편을 세워주며, 인정해주고, 가장의 권위를 세워주어라. 너로 인하여 다친 상처, 닫힌 마음을 사랑으로 싸매어주고 치료하여 주어라. 너의 순종과 사랑만이 그가 나를 만날 수 있느니라.”

언제 끝날지 알 수 없는 그의 방황이 힘들었지만, 매일 아침 하나님이 나의 팔이 되어 주사 고통의 때를 감당할 은혜를 베풀어 달라고 기도할 뿐이었다.

“여호와여 우리에게 은혜를 베푸소서 우리가 주를 앙망하오니 주는 아침마다 우리의 팔이 되시며 환난 때에 우리의 구원이 되소서 요란한 소리로 말미암아 민족들이 도망하며 주께서 일어나심으로 말미암아 나라들이 흩어졌나이다” 이사야 33:2~3.

극적으로 남편과 대화를 하여 관계가 회복되나 싶었는데, 다시 다툴 수밖에 없는 일이 일어났다.

수표 아니 십일조 때문이었다. 우리는 check(일종의 수표)를 함께 쓰고 있었는데, 내가 남편과 상의없이 check로 십일조를 끊고는 다음날 남편에게 통보하듯 말한 일이 그 발단이었다.

이번에도 내가 남편을 앞서갔고, 가르치려는 마음이 있었다. 그동안 남편 모르게 했던 십일조 생활을 더 이상 숨기고 싶지 않았으며, 십일조란 당연히 하나님께 드려야 하는 것이며, 온전한 십일조를 드릴 때에 우리가 물질의 고통에서 구원받을 수 있음을 남편에게 알려주고 싶었다. 십일조를 드리는 것이 나쁜 일은 아니지만, 문제는 이번에도 지혜없는 내 자아가 살아나 일을 내 멋대로 처리한 것이었다. 이 일을 남편이 좋아할 리 없지만, 그래도 화를 내고 말겠지 싶었다. 하지만 예상치 못한 그의 반응에 나는 거의 기절할 뻔했다.

"지금 상황에 십일조를 내야한다고 하는 당신이 제 정신이것 맞아? 앞으로도 막아야 할 check가 수두룩하게 쌓였어."

"그 놈의 교회, 내 돈을 주나 봐라. 두고 봐, 당신 마음대로 될 것 같아? 나 그 check를 부도 내버릴 거야."

그렇게 급한 말을 던지고 휑하니 나가버렸다.

남편이 화를 낼 것이라는 것은 나도 예상하고 있었다. 하지만 설마 교회에 내는 헌금인데 그것을 부도낼까 싶었다. 온전한 십일조를 드리고, 그분을 시험해 보라고 하신 말씀(말라기 3:10)에 순종할 때, 하나님께서 놀라운 방법으로 역사하실 거라는 믿음이 있었으며, 남편이 헌금을 부도낼 정도의 사람은 아니라는 믿음 역시 내게는 있었기 때문이었다. 하지만 내 믿음이 무너졌다. 부도를 낸 것이다.

남편의 행동에 그를 향한 믿음에 회의가 밀려와 얼굴만 봐도 질식할 것 같았다. 당연히 잠깐이나마 회복되려고 하던 우리 사이는 다시 냉랭해지며 한 달 이상 대화가 끊어졌다.

다시금 절망의 기도가 나왔다.

'주님! 안되겠습니다. 더 이상 인내할 수 없습니다. 더는 감당하지 못하겠습니다! 저는 영혼구원에 실패했습니다. 주께서 권면해주신 말씀들을 지키지 못할 것 같습니다. 남편의 구원은 내 몫이 아닌 것 같습니다. 그의 강퍅함에 두 손을 듭니다.'

그의 구원을, 그를 바른 길로 이끌기를 포기하겠다고 선언했다. 아등바등할 때는 괴롭더니, 더 이상은 못하겠노라고 백기를 들자 오히려 마음이 홀가분해졌다.

더 이상 고민할 것도 없다는 생각에 자리를 털고 일어나려는데, 앞에 놓인 Q.T. 책을 보고는, 자리를 털고 일어나다 말고, 혹시 이 말씀에 마지막 희망의 메시지가 있지 않을까 하는 미련이 남아 책을 펼쳤다.

마침 그날 아침 Q.T.를 못하고 있었고, 이 묵상을 통해 아무 말씀도 찾지 못한다면 나는 깨끗이 남편의 구원을 포기하겠노라고, 그리고 그 일에 아무런 거리낌이 없을 것이라고 생각했다.

그날 본문 말씀은 데살로니가전서 5장 1~10절이었다.

주의 날이 밤에 도둑같이 이르러, 심판의 날은 예고없이 임할 것이라는 경고의 내용이었다. 내가 지금 처한 상황과는 맞지 않는다는 생각이 들었지만, 읽고 또 읽고 계속 묵상했다. 내게 적용할 것이 과연 어떤 말씀일까?

깨달아지기를 성령께 간구하며 또다시 읽어내려 가는데 2절에 "주의 날이 밤에 도둑같이 이룰 줄을 너희 자신이 자세히 알기 때문이라"라고 하는 말씀이 새삼 두 눈에 크게 들어왔다. 아는 정도가 아니라, 자세히 알고 있음이라는 것을 강조하고 있는 그 말씀에 갑자기 가슴이 뛰기 시작했다. 답을 얻었다.

맞다! 만약 주의 날이 오늘이라면, 그래서 지금 이 자리에 주님이 오셨다면 나에게 무슨 말씀을 가장 먼저 하실까? 하나님이 사랑하는 영혼 하나를 너무 쉽게 포기해버린 나를 질책하실 것이 자명했다.

곧바로 자리에서 일어났다. 그때 마침 남편이 집에 들어오는 기척이 들렸다.

조금 전까지만 해도 얼굴만 봐도 질식할 것만 같았는데, 갑자기 마음이 바뀌어 있었다. 남편이 너무 처연해 보이고, 그를 향한 긍휼함이 일어났다.

'정말 오늘이 주의 날이라면! 그럼 남편은 어떻게 되는 건가?'

다시 남편을 바라보니 가슴이 내려앉았다. 하나님을 사랑한다고 하면서도, 하나님이 사랑하는 한 영혼은 사랑하지 못했던 나, 영혼 구원을 쉽게 포기해버린 나에게 추상같은 책임을 묻지 않겠는가? 그리고 이내 이전에 읽었던 책의 한 구절이 떠올랐다.

「우리가 어떤 문제를 안고 감당치 못해서 '주님! 더 이상 아무것도 할 수 없습니다. 최선을 다했지만 여기까지입니다. 이제 포기하겠습니다'라고 두 손을 들 때, 등 뒤에서 가장 기뻐하는 자가 있는데 그것은 사탄이다. 사탄은 너무 기뻐서 승리의 박수를 치고 있다고 했다. "드디어 내가 이겼구나! 이제 너는 넘어져서 다시는 일어나지 못할 거야!"라고 하며 제일 좋아한다는 것이다.」

이제는 더 이상 무릎만 꿇고 있을 수가 없었다. 남편에게 용서를 구해야 한다는 마음이 솟구쳤다.

하나님이 주시는 마음은 남편을 사랑하고, 수용하고, 순종하며, 인내하면서 기다려주는 것인데 나는 그동안 하나님을 위해서라고 하면서 사탄에게 마음을 빼앗기고 있었다는 생각에 도저히 그냥 앉아있을 수가 없었다.

정신없이 일어나 과일을 깎아들고 남편에게 다가갔다.

"여보! 미안해요!"

사과의 말로 시작된 나의 진심 어린 잘못을 전하는데 있어 그의 구원을 위한 용서의 고백은 아무리 해도 부족한 것만 같아 충분치 못했다는 아쉬움이 늦은 시간까지 가시지 않았다. 나의 자아와 의는 죽어서 장사 되었다고 생각했지만 아직도 살아있어 주님께 온전히 내어드리지 못하고 있는 것이었다. 복음을 모르는 남편이 현실에 먼저 반응하는 것은 당연한 일이었고, 설사 남편이 그보다 더한 일을 했다고 하더라도 나는 감수했어야만 했는데 나는 그러지 못했던 것이었다.

십일조를 온전히 드리는 내 결단을 하나님께서 기뻐하실 것이라는 근거 없는 믿음이 그와 내 마음을 사탄에게 내어주는 어리석은 통로로 사용해버린 것이었다.

결국 나의 어리석음과 못난 자아가 하나님을 앞서면서, 교회까지 욕되게 하는 결과를 낳고야 말았던 것이었다. 아무리 내 의를 죽인다고 다짐하고 다짐해도 막상 현실에 일이 닥치면 결국에는 내 의와 생각만을 앞세우는 내 모습을 보며 절망하고, 회개할 수밖에 없었다. 머리로만 순종했던 그 권면의 말씀들이 이제야 비로소 가슴으로 내려왔다. 심령 깊은 곳에서, 진심으로 남편을 세워주고 인정해주고, 높여주어서 가장의 권위를 세워 주어야한다고 다짐하는 날이었다.

하지만 한번 기뻐 승리의 박수를 칠 준비를 하고 있던 사탄이 나를 그냥 내버려두지는 않았다.

믿음의 진보를 향해 한발 한발 앞으로 나아가는 내 뒤를 부지런히 쫓아오고 있었다. 내 변화를 통해, 남편이 주님을 볼 수 있도록 애써보았지만 그는 달라지지 않았다.

내가 그에게 용서를 구하던 그 날, 남편은 자신도 마음이 너무 힘들다고 했다. 그래도 희망이 있는 것은 남편의 한 마디 때문이었다.

"잘하도록 노력해볼게"

하지만 그 노력이 쉬울 리가 없었다.

남편이 약속을 하기는 했지만, 지켜지지 않았고, 도리어 더욱 강퍅해졌다. 사업이 마음대로 풀리지 않고, 힘들어지자 분노가 쌓여갔고, 방황은 더욱 심해졌다. 그러더니 급기야 가슴이 내려앉는 선언을 해버렸다.

"더 이상 나에게 아무것도 기대하지 말라"고 하더니만, 시위라도 하는 듯 가정을 돌아보지 않았다. 그리고 사소한 말에도 지나치게 화를 내고, 나에게 함부로 대했으며, 불쾌한 심기를 감추지 않은 채 그대로 드러내어 버렸다. 뿐만 아니라 "당신을 보고 있는 것이 힘들고 괴로워 더 이상 한 집에 있는 것은 서로에게 고통뿐인 것 같아"등 내 가슴에 생채기를 내는 말도 서슴지 않았다. 나는 남편에게 받는 수치와 핍박으로 난 상처를 치유받기 위해 주님 앞에 엎드릴 때마다 그분이 내게 주시는 말씀은 한결같이 동일했다.

"인내와 사랑만이 남편이 구원의 길에 설 것이며 어떤 강퍅함에도 일방적인 사랑으로 감싸 안아 주렴."

하나님의 말씀은 언제나 정답이지만, 그 말을 지키고 산다는 것은 사실 전쟁처럼 힘든 일이었다.

내가 너무 아파 끙끙거릴 때 즈음 "더 이상 남편에게 매이지 말고 자유하라"는 말씀과 함께 피할 길을 허락해 주셨다.

한국에 계신 친정어머니가 비행기 표와 함께 일간 다녀가라는 편지를 보내신 것이다.

감사 기도를 드리는 내게 주님은 충분한 쉼을 얻고 강건해져서 돌아오라고 하시며, 단 그곳에 있는 동안 스스로 올무에 걸려 넘어지지 말라는 경고의 말씀을 덧붙이셨다. 이제부터 남편에게 매이지 않고 자유하기 위해서는 세상의 관점으로 바라보지 않겠다고 결단하며 한국으로 향했다. 한국으로 향하는 내 마음은 날씨만큼이나 추웠다.

친정어머니를 비롯해 형제와 친구들을 만나며 좋은 시간을 보내는 사이 2주가 훌쩍 지나갔다.

극진하게 대해주는 부모 형제와 친구들로 충분한 쉼을 얻고 있는 것 같았지만, 마음 한켠에 자리 잡고 있는 남편과 아이들 생각으로 착잡함이 떠나지 않아 혼자 기도원을 올라갔다. 높은 산자락에 자리 잡은 기도원에 도착하니 안으로 들어가기도 전에 답답해있던 심령이 날아갈 것 같아 입을 크게 벌려 마음껏 숨을 들이켜 보았다.

매 시간에 있는 예배는 은혜가 쏟아졌다. 찬양하고, 기도하고, 말씀을 듣고 나면 다시 또 찬양하고, 기도하는 것이 계속되는 가운데 참된 안식처는 오직 내 하나님 아버지 집일뿐이라는 고백이 절로 나오며, 그동안 웅크리고만 있던 심령이 모처럼 후련하다고 느껴졌다.

저녁이 되어 철야를 작정하며 기도 처소에 들어갔다.

탄식밖에 할 수 없는 기막힌 웅덩이에서 하루 속히 건져내주실 것을 간구하며 기도하다보니 날이 밝아왔다. 여명의 빛이 들어오는 가운데 뜻하지 않게 주님께서 나의 회개를 원하신다는 생각이 성령의 감동으로 강하게 느껴졌다.

무슨 회개를 말씀하시는 걸까?

혹시 성령께서 주시는 감동을 잘못 깨달은 것은 아닐까?

하지만 그런 것 같지는 않았다. 강한 느낌의 여운이 가시지 않고 있기 때문이었다. 날이 새도록 가정의 회복을 구하는 간절한 기도에는 응답이 없으시고 회개만을 알려주신 것이다.

도대체 어떤 회개일까?

무엇을 잘못했을까?

무슨 회개를 드려야 하는지 알 수도 없고 기억나는 일도 없었으나 주님께서 회개를 원하신다면 깨닫게 해 주실 것을 기도하는데 얼마 후 어떤 남자의 얼굴이 떠올랐다. 처음에는 기억이 나지 않았으나 어디서 본 듯하여 골똘히 생각해 보니 2주 전 교회에서 본 사람이었다.

얼마 전 주일이었다.

친정에서 가까운 곳에 교회가 있어 예배를 드리러 갔다. 예배 시간보다 다소 일찍 도착했기 때문인지 입구에 안내 봉사자들이 준비하고 있지 않았다. 두리번거리다가 적당한 자리를 골라 앉은 나를 본 목사님께서 황급히 다가오시더니 인사를 건네주셨다. 그리고는 뒷자리에 앉아있는 분을 잘 아시는 듯 나를 부탁하시고는 예배를 준비하기 위해 황망히 가버리셨다. 목사님이 떠나시기 전 뒤에 앉은 그 남자의 목소리가 등 뒤로 들렸다.

"네, 알겠습니다. 목사님!"

예배가 시작되었고, 나를 향해 다가왔던 그 젊은 목사님의 설교는 매우 열정이 넘쳐 성령이 충만하신 분 같다고 느껴졌다. 더구나 그날의 말씀이 전부 나를 향하신 것 같아서 그저 아멘으로 답하는데, 아까 목사님의 부탁에 시원하게 답했던 그 뒷자리 남자도 계속해서 아멘 아멘하며 화답하는 소리가 들렸다. 아마도 나처럼 은혜를 받고 계신 것 같았다. 그 화답소리가 반복될수록 나는 목사님의 설교보다 뒤에서 들리는 아멘 소리가 더 은혜롭게 느껴지면서 아마도 매우 신실한 사람일 것 같다는 내 멋대로의 상상이 시작되었다.

그러던 와중에 예배가 끝났다.

나가려고 출입구 쪽을 바라보며 걷고 있는데, 한 남자 성도가 서계셨다. 문득 저 사람이 내 뒤에 앉아있던 그 남자일까 싶은 쓸데없는 궁금증이 일어 가만히 보고 있는데, 그 남자 성도가 내게 다가와 식사를 하고 가라며 안내를 해주겠다고 하셨다. 그리고는 아마 저쪽이 식당이라고 안내를 해주고 싶었던 듯 손가락으로 어느 방향을 가리키는데, 그곳에는 몇몇 여자 성도들이 모여 있었다. 그리고 그 여자 성도들 중 한 사람이 우리를 향해 크게 소리를 질렀다. .

"K교수님, 새로 오신 분 모시고 빨리 이쪽으로 오세요."

아무래도 이 남자가 내 뒷자리에 있던 그 남자가 맞는 것 같아서, 얼른 얼굴을 살펴보았다.

평범한 외모에 나와 비슷한 연배 같았으며 성품이 온화하고 교회를 성실히 섬기는 분으로 느껴졌다. 식당으로 밥을 먹으러 가기를 머뭇거리는 내게 괜찮다고 권해주셨지만, 다음 주에 오겠다고 말한 후 교회를 빠져나왔다.

교회 밖에는 엄청난 양의 눈이 내리고 있었고, 펑펑 쏟아지고 있는 그 함박눈을 실컷 맞아보고 싶다는 생각이 들어 추위도 잊은 채 교회 주변을 돌고 또 돌다가 교회에서 보았던 그 남자가 떠올랐다.

'남편이 그런 사람이었다면 얼마나 좋을까? 그이도 변화 받으면 그렇게 될 수 있을까? 교회에서 본 그분은 하나님을 진심으로 사랑하고 충성스럽게 교회를 섬기며 가정에서도 아내에게 자상하고 배려있는 남편일 것 같아.'하며 어느 틈엔가 야릇한 상상에 빠져들고 있었다. 당연히 가정이 있겠지! 아니 어쩌면 아닐 수도 있어 만약 독신이라면? 갑자기 마음이 설레었다.

그리고는 이곳으로 오기 전날 남편이 내게 한 말이 생각났다.

"나는 도저히 하나님을 믿고 싶지도 않고 또 믿지 않을 거야. 당신도 믿음이 없는 나와 살기 힘들 텐데 신앙 좋은 장로님 같은 사람 만나서 새 출발하면 어때?"

이 기가 막힌 말을 내게 던진 것도 모자라 남편은 자신의 말은 진심이며 한국에 있는 동안 잘 생각해보라고 했다. 들을 때는 말도 안되는 소리라고 생각했지만, 이 남자 성도를 정말 그럴 수도 있지 않을까 싶었다.

정말 그럴 수 있을까? 그래도 되는 걸까? 주님은 허락하실까?

그래서 당장에 주님께 여쭈었다.

'주님! 이미 나의 심중을 다 아시고 있겠지요! 나를 보고 있는 것조차 힘들다는 믿음 없는 남편과 의미 없는 삶을 사는 것보다 믿음 좋은 신앙인과 새 출발해서 영적으로 합한다면 주의 일을 하는 것에도 영광이 되지 않을까요?'

하나님은 내 질문에 아무런 답이 없었다. 그런데 나는 잠시 본 것 외에는 그 남자에 대해서 아무것도 아는 것이 없음에도 불구하고 복음의 명분까지 내세우며 끝도 없는 망상의 나래를 펼치고 있었다. 아울러 내 주변에 소복하게 쌓이는 눈을 보며, 주위를 온통 하얗게 덮고 있는 함박눈마저 아름답게 보이고, 마치 내 새 출발을 축복해주는 것 같아 마음이 들뜨고 기대감으로 마음이 힘껏 부풀러 올랐다.

다음 주일이 빨리 왔으면 좋겠다고 고대하며 다시금 잠깐 보앉던 그 남자 성도의 얼굴을 떠올려 봤지만 잠깐 사이에 그의 얼굴을 잊었는지 기억나지 않았다. 그래도 일주일 간 나는 그 생각에서 벗어나지 못했다. 바로 주님께서 경고하셨던 그 올무 즉 은밀하게 다가온 미혹의 영에 걸려 넘어지고 있는 것이었다.

다시금 주일이 돌아왔다. 흐트러짐 없는 자세로 반듯하게 앉아 목사님의 설교를 듣고 있었지만, 정신은 온통 그 남자 성도 생각에 빠져있었다.

'나이는? 직업은 교수인 것 같았는데. 정말 독신일까? 사는 데는 어디일까? 오늘 점심 식사 때에는 알 수 있게 될까? 그 사람은 내게 관심이 있을까?' 등의 생각으로 미혹의 영은 정말 너무도 달콤하게 나를 유혹해서 정신을 혼미하게 해놓았다.

마침내 예배가 끝나, 저번에 그 남자 성도가 서 있던 입구 쪽을 바라보았는데, 그가 보이지 않았다. 적잖이 실망하고 있는 내게 누군가가 다가와 식당으로 안내하겠다고 했지만, 나는 그럴 마음이 없었다. 그저 지난주처럼 다음 주일에는 꼭 식사를 하겠다며 어설픈 웃음을 짓고는 교회를 빠져 나왔다. 그리고는 다시 생각했다.

'무슨 일일까? 어떻게 된 걸까? 혹시 아픈걸까?'

아쉬움으로 그의 얼굴을 떠올리려 애써보았지만 전혀 기억이 나지 않았다. 이상하다는 생각과 함께 갑자기 정신이 든 듯 고개를 마구 흔들었다.

'내가 왜 이럴까? 지금 도대체 무슨 짓을 하고 있는 거지? 지금까지 무슨 생각을 한 거야! 무슨 짓을 하고 있었던 거야?'하고 나 스스로에게 정신을 차려야 한다고 소리치며 가슴을 쓸어내렸다. 그리고 어리석은 나를 자책했다. 잠시 미혹의 영에 끌려갔었다는 것을 깨닫고, 털어버릴 수 있었지만, 별다른 죄의식을 느끼지 않았던 것은 나의 영적상태가 거의 초죽음상태였기 때문이었다.

그리고 다시 다음번 주일이 오기 이전 나는 기도원에 온 것이다. 두 번씩이나 그의 얼굴을 기억해보려 해도 생각나지 않았던 얼굴이 기도 가운데 확연히 떠오른 것은 이유가 있는 일이었다. 기도처에서 드리는 회개 기도에 "주홍같이 붉은 내 죄를 주님의 보혈로 정결케 해 주셔서 흰 눈보다 더 희게 해 주셨다"(이사야 1:18)는 말씀으로 화답해주셨다.

하지만 그것으로 끝이 아니었다. 또 다른 회개를 해야만 했다. 나는 음욕을 품은 죄를 회개하는 것으로 충분한 줄 알았지만, 그것은 단지 내 안에 있는 흉악한 욕망의 죄가 더 이상 자라지 못하도록 죄의 싹을 잘라주신 것일 뿐이었으며 진정한 회개는 그 다음부터였다.

주님은 물으셨다.
"네가 진정으로 가정의 회복을 원하느냐? 네 남편의 구원을 위해 힘써 자신을 지켰느냐?"
내가 미처 대답을 하기 전에 그분은 다시 되물으셨다.
"진정으로 가정의 회복과 남편의 구원을 구했느냐?"

나는 아무런 망설임도 없이 얼른 답했다.

"얼마나 애를 썼는지 누구보다도 주님이 잘 아십니다."

거의 실족했고, 낙심도 했으며, 소망이 없는 중에도 가정을 지키려고 내 가슴이 타 들어가도록 부단히 노력했다고 나는 자신했다. 또한 남편의 구원을 위하여 얼마나 많은 시간을 눈물로 호소했으며, 하나님이 가정을 회복해주실 날을 기다리며 충분히 인내하고 있다고 여겼으며, 자녀들에게도 자녀와 남편 때문에 나는 가정을 굳건히 지키겠노라고 약속한 날이 많았기 때문이었다. 하지만 성령은 속는 분이 아니셨다. 내가 속이려고 하는 것이 아니라 나 스스로까지도 속일 수 있는 깊은 마음 속, 중심을 볼 수 있는 눈을 가진 분이셨다. 성령께서는 거짓을 말하고 있는 내 진짜 심중을 하나하나 열어 보이셨다.

남편의 고통과 외로움은 안중에도 없는 나, 단 한 번도 그의 마음을 헤아리려는 시도조차 하지 않았던 나, 내가 감당하는 상처와 고통이 태산만큼 크다고 여겨 내 연민에 급급할 뿐 남편과 자식들의 상처를 보듬어주지 않고 있는 나의 모습을 보여주셨다.

남편은 실제 행동으로 옮기지는 않았지만 혼자서 어딘가로 떠나버리고 싶다는 이야기를 종종하곤 했었다. 나는 그것을 두려워하고 있었다. 남편이 떠나서 무슨 일을 당할까 하는 두려움이 아니라, 하나님을 믿는 자의 결말이 가정파탄이라면 신앙인으로서 덕을 세우지 못할 것이라는 어처구니 없는 두려움이었다. 즉 남편이 구원받지 못하고 있는 것에 대한 안타까움이 아닌 믿는 자가 가정 하나 지키지 못해 실패한 자리에 선다는 것에 대한 두려움, 내 남편의 영적 상태보다 사람들의 인정과 평가를 의식하는 내 허위의식, 그리고 그들의 시선이 두려워 남편의 울타리는 지켜내야 한다는 것에서 오는 두려움이었던 것이었다.

가정의 회복을 원했던 것은 남편의 구원을 위해서가 아니라 나 자신 만을 위한 것이었다.

가정이 깨진다면 내 위치가 없어질 것에 두려웠고, 남편이 떠나버리면 수치심으로 견딜 수 없을 것 같아서 두려웠던 것이었다. 나는 남편이 하나님의 복음을 모르고 강팍하고 편협하며 이기적이라고 비난했지만, 사실 나는 그보다 더 악하고 비겁한 사람이었다. 이런 나의 부패한 모습을 허울 좋은 신앙의 모습으로 감추고, 하나님은 물론 나 자신도 속이고 있었던 것이었다. 하지만 성령님은 엄중히 말씀하셨다.

"스스로 속이지 말라 하나님은 업신여김을 받지 아니하시나니 사람이 무엇으로 심든지 그대로 거두리라" 갈라디아서 6:7.

'맞습니다! 주님은 늘 염려하지 말라 무릇 너의 마음을 지키라고 말씀해 주셨지만 힘써 내 자신을 지키지 못했습니다. 어리석은 이기심과 완악함을 용서하시옵소서. 무엇보다 가장 큰 죄를 범한 것은 주님을 온전히 믿고 맡겨드리는 것에 순종하지 않은 것입니다. 그러나 그럼에도 불구하고 주님은 저를 기가 막힌 웅덩이에서 건져내 주셨습니다.'

내 완악함을 알게 해주시는 것에 대한 감사와 회개의 눈물은 그치지 않았다.

나의 부패한 모습은 끝이 없었다.

매번 이제는 알았다고 하나님께 온전히 내어 드린다고 하면서도, 현실에 부딪히면 나는 위선자였다. 이쯤 되면 하나님도 지치실 만도 한데, 하나님은 나를 포기하지 않고 빚고 계셨다. 온전히 주님을 믿는 것, 맡겨 드리는 것이 얼마나 많은 자아와 의가 깨어지고 부서지는 과정이 필요한지 나로서는 가늠할 수가 없었다.

도대체 어느 때가 되어야, 참된 믿음의 분량이 채워질까? 다른 사람은 몰라도 아마 나라면, 주 앞에 서는 그날까지도 부족할 것이라고 나를 탓하며, 이런 부족한 나일지라도 포기하지 마시고 나를 떠나지 마시며, 선한 징계를 통해 나를 빚어가 달라고 애절하게 간구했다.

"어찌 아비가 징계하지 않는 아들이 있으리오. 징계는 다 받는 것이거늘 너희에게 없으면 사생아요 친아들이 아니니라" 히브리서 12:7~8.

"그러므로 피곤한 손과 연약한 무릎을 일으켜 세우고 너희 발을 위하여 곧은길을 만들어 저는 다리로 하여금 어그러지지 않게 고침을 받게 하라" 히브리서 12:13.

믿음이 침체된 상태에서 모든 무거운 것과 얽매이기 쉬운 죄로부터 돌아설 수 있게 된 나는 더욱 연단되고 온전한 순종을 향해 다시 나아갔다.

기도원에서 내려오는 날 담대함과 평안이 임했다.

이제 충분히 포기되었기에, 한국에 머물 이유가 없었기에 가벼운 여행을 마치고 LA로 향했다.

공항에 내리니 남편이 마중을 나와 있었다. 남편은 마중을 나오기는 했지만, 덤덤한 표정으로 거리감 있는 악수를 내게 청해 주었다.

"당신이 조금 더 있다 왔으면 했는데…, 여하튼 돌아왔으니 잘 지내봅시다."

아마 내가 없는 사이에 자신의 마음을 추슬러보려고 노력했지만 잘 되지 않은 것 같았다. 나에게 깨달음이 있었으니 남편에게도 변화가 있지 않을까하는 기대가 있었지만, 그의 냉랭함은 내가 떠날 때와 다를 바가 없었다. 그동안 남편을 향한 내 악하고 비겁한 마음을 깨닫고 회개하고 돌아왔음에도, 남편의 그 냉랭한 기운이 일주일간 지속되자 나는 다시금 평안을 잃어갔다. 남편의 다친 상처들이 회복되려면 충분한 시간과 그에 걸맞는 과정이 필요했을 텐데, 나는 기다리지도 인내하지도 못해서 우리 사이는 다시금 예전으로 돌아가 버리고야 말았다.

그가 다시 밉고 원망스러웠다.

남편의 행동은 차가웠고, 무시와 거절감이 느껴졌으며, 내게 끝없이 상처를 주고 있는 모습만이 크게 보였다. 회개하여 얻어진 담대함과 평안은 내 기억에서 사라졌고, 온전한 인내를 이루지 못한 나와, 아무것도 변하지 않은 현실에 낙담하여 또다시 고통스러워했다.

"네가 죽음으로 인하여 남편이 구원을 얻을까 함이라"라고 하신 주님의 말씀에 순종하며 죽기를 작정했다.

어떤 수치와 부끄러움을 당한다 할지라도 순종하자 마음에 다짐을 하고 대했지만, 그는 변하지 않았고, 달라진 나의 태도에도 관심이 없었다. 다시 남편에게 매이지 말고 자유하라신 주님의 말씀에도 역시 순종하지 못했다. 그의 말 한마디에 상처받고 낙심과 좌절을 했으며, 하루하루 그의 태도에 따라 전전긍긍하였다. 이런 나의 연약함이 싫어 견딜 수 없었다.

'온전히 주님께 의뢰하지 못하고 있는 삶, 심지가 견고하지 못해 상황에 흔들리고 문제보다 크신 하나님께 맡기지 못하는 상한 갈대보다 더 연약한 믿음. 나의 영혼은 주님을 신뢰하고 맡겨 드린다고 하나 육신의 생각들이 속사람을 상하게 하고 감당할 힘을 빼앗아 간다.'

'내가 사탄을 기쁘게 할 수는 없다. 원수의 발아래 무릎 꿇을 수는 없다고 의지를 세웠지만 더 이상 감당치 못해 결국 넘어지고 마는구나!'하고 입술에서 탄식이 흘러나왔다.

그 순간 좌절의 영이 순식간에 내 영혼의 뼈 마디마디로 슬며시 스며들었다. 지치고 허망하다는 생각과 함께 무능함을 떠올리게 했다. 오십이 넘은 나이에 아무것도 이룬 것이 없었다. 명예도, 경제적인 부도, 부모로서 자녀에게 해야 하는 책임도 나는 다하지 못했으며 신앙인으로 주의 일에도 역시 쓰임 받지 못하고 있었다. 심지어 가정조차 위기에 있었다. 내가 가진 것은 오직 절망과 좌절뿐이었다.

절망으로 쓰러져있는데 지난날 하나님께서 약속해주신 말씀이 생각났다. 그분은 반드시 나를 통해 영광을 받겠다고 하셨고, 땅에 떨어진 나의 모든 것들을 들어 올려 회복시켜 주겠다고 하셨다. 너무 지쳐 아무것도 하고 싶지 않을 때였는데, 그 약속을 다시금 떠올리게 해주신 것에 너무 감사해서 받은 말씀을 큰 소리로 읊조리며 엎드렸다.

"하나님은 사람이 아니시니 거짓말을 하지 않으시고 인생이 아니시니 후회가 없으시도다. 어찌 그 말씀하신 바를 행하지 않으시며 하신 말씀을 실행하지 않으시랴!" 민수기 23:19.

주님은 즉각적으로 반응하셨는데, 너무나 뜻밖의 말씀이었다.

"너는 나의 제자 중에 수제자가 아니더냐! 그러한 네가 입술로는 첫 번째 우선순위가 하나님이라 하고 사실은 남편을 먼저로 여기고 있느니라. 다시는 남편에게 매이지 말고 자유하라."하시고는 우선순위가 항상 하나님이기를 원한다고 하셨다.

하지만 그 말씀은 내가 어떤 방면이든 뛰어나서 수제자로 삼으셨다는 것이 아니었다. 많고 많은 사람 중에 이유는 모르지만 내 연약한 믿음 그대로가 아니라, 믿음의 분량을 채우기 위해 많은 연단과 훈련을 거쳐서 반드시 수제자라 할 수 있는 자로 빚어주시겠다는 하나님의 다짐이었다.

너무나 감사한 일이었지만, 나는 지쳐있었다. 내 못나고 부족하며 어리석은 모습을 보는 것도 이제는 너무 괴로웠다. 나는 그만한 그릇이 아니었다. 못나고 부족하고 무지할 뿐인 나를 그만

포기하시라고 부르짖었다. 주변에 구원받아야 할 영혼들과, 주님을 모른 채 세상을 떠도는 영혼들 때문에 괴로운 것도 아니고, 고통 받고 있는 것도 아니었다. 나는 너무 작은 일에 매여 죽을 만큼 고통스럽다고 울부짖으며, 나를 너무나 사랑해주었고, 가장 가까이에 있어주었던 남편 한 사람조차 주님의 마음으로 사랑하지도 전도하지도 못하고 있는 나를 수제자로 단련하시는 것은 당치도 않다며 너무나 괴로운 심정으로 통곡했다.

그때 다시 그분의 음성이 들렸다.

내가 부족한 것은 맞다고, 하지만 주님은 나같이 부족한 자를 찾으시며, 그러한 자를 수제자 삼고자 하신다는 말씀이었다. 그리고 이어서 오직 온전한 인내를 이루고, 순종하며, 내 자아는 죽고 없어지는 것이 남편을 구원의 길로 이끄는 유일한 방법이라는 동일한 말씀을 다시 한 번 들려주셨다. 뿐만 아니라 지금까지의 모든 기도가 땅에 떨어지는 것은 아무것도 없으며 반드시 당신이 말씀하신 것을 이루며, 약속하신 것을 지키겠다고 하셨다. 그리고 마지막으로 온전한 인내를 이룰 때, 남편이 나의 동역자가 되어 줄 것이라고 분명히 말씀하셨다.

인내의 때를 넘어서지 못하게 하는 좌절의 영은 극심한 나의 연약함을 타고 들어와 뼈마디들을 녹아내리려 했지만 오직 기도가 능력이 되어 연약한 무릎을 다시 일으켜 세울 수 있었다.

온전한 인내를 이루다

 온전한 인내를 이루려면 내려놓는 일이 반드시 필요했다. 내려놓음이 가능했던 것은 오직 성령님의 전적인 도우심이 있었기 때문이었다.

2주째 치통이 너무도 심했다.

경제적인 부담으로 치과에 갈 엄두를 내지 못하고 진통제로 겨우 견디고 있었지만, 어느덧 진통제도 효과가 없고 통증으로 밤잠을 설치고 있었다. 남편과 가까운 선배가 치과를 경영하고 있어, 예전 같으면 당장 치과에 가보자고 할 사람이었는데, 그 당시는 마음이 여전히 상해있었던 때라 아무런 말이 없었다.

남편의 관심을 기다리다가 서운함과 통증으로 날을 지새운 나는 다음날 이른 아침부터 집을 나서 교회로 향했다. 교회에 도착하자 강대상 앞에 털썩 엎드렸다.

'주님! 육신의 고통보다 마음의 통증이 더 아프게 찌릅니다. 그의 강퍅함은 언제까지 일까요? 주여! 주께서 이 고통을 치료하여 주시옵소서! 주의 손으로 친히 안수하여 주시옵소서! 주님만이 나를 치료하여 주시기 원합니다.'

기도 중에 누구에게도 치료비를 빌려 달라고 하고 싶지 않았으며, 남편에게 매여 의지하고 기대한 것에도 후회가 되어 병원에 가고 싶은 생각조차 들지 않았다. 그저 주님의 손길만을 기다리겠다는 마음만이 들었다. 그렇게 오래 엎드려있는 중에 매분 매초 나를 괴롭히던 치통을 느끼지 못하고 있음을 알았을 때 갑자기 활을 쏘고 있는 내 모습이 보였다.

나는 있는 힘을 다해 과녁을 향해 활을 쏘고 있었다.
그 순간 오른손에 온 힘을 다해 붙잡고 있던 화살이 사라져버
렸다. 이어지는 그 다음 장면에서는 과녁에 꽂혀 있어야 할 화살
이 보이지 않았다. 화살을 잡고 있던 오른 팔에 힘이 빠져나가 축
하고 내려졌다. 그리고는 환상이 사라지고, 머릿속이 시원해졌으
며 마음도 후련해졌다.
하지만 이내 궁금해졌다.
'화살은 쏘았는데, 과녁에는 화살이 없다면 그건 어디로 사라
져버린 것일까?'
하지만 이내 이것은 쓸데없는 호기심이라는 것을 알았다. 이미
떠나버린 화살은 절대로 다시 돌아올 수는 없으며, 쏘아버린 화
살이 과녁에 맞지 않았다한들 돌이킬 수도 없는 노릇이었다. 화
살을 쏜 사람이 할 수 있는 일은 그저 겸허하게 결과를 기다리는
일 뿐이었다. 걱정도, 염려도, 혹시 하고 가늠할 수 있는 것조차
모두 쓸데없는 일이었다.

그랬다. 내가 할 수 있는 일은 아무것도 없었다.
그것이 깨달아지는 순간 다시금 그분의 음성이 감지되었다. 이
제부터 남편을 당신의 막대기로 친히 다루시겠다고 하시고, 그를
향해 있는 모든 힘을 다 빼내어 버리라고 하셨다. 그 말씀을 듣
고 일어서는데, 바닥을 딛고 서있다는 느낌이 없었다. 마치 바닥

에 발을 딛지 않은 채 공중에 둥둥 떠다니는 것 같았고, 치통 역시 느껴지지 않았다.

아무래도 몸이 이상한 것 같다는 생각이 들며 몸에 있는 온 힘이 모조리 빠져나가버린 것 같았다. 뿐만 아니라 아무리 애를 써도 아무 생각도 할 수가 없었다. 정말 희한하게 그 어떤 생각도 나지 않았다. 이상한 느낌은 거기서 끝이 아니었다.

집으로 돌아온 후 나는 더욱 이상한 사람, 그러니까 예전과 다른 사람이 되어있었다.

남편을 향한 민감한 반응이 전혀 일어나지 않았고, 마음속에서 "해방이다"라고 외치고 있을 따름이었다. 몸은 어찌나 홀가분해졌는지 새털이 된 것만 같았다. 마음 역시 그러했다. 하루에도 수십 번씩 아니 하루 온종일 나를 괴롭히던 번민이 사라졌고, 마치 바보가 되어버린 것처럼 인지능력이 사라져 생각이라는 자체를 하지 않는 사람이 되어버렸다.

아니 텅 빈 머릿속을 가득 채우고 있는 그 하나의 생각이 다른 모든 생각을 밀어내 버린 것인지도 몰랐다.

내 머릿속을 가득 채운 것은 남편을 향한 마음, 남편이 원하는 것은 무엇이든지 들어주고 싶다는 것뿐이었다. 나는 이제야 구원은 오직 한 분, 하나님의 능한 손에 달려있음을 깨닫게 되었고, 주님께 모든 것을 맡길 수 있게 되었다. 또한 매여 있는 남편에게 자유하여, 인내의 과정을 넉넉히 넘어설 수 있게 되었다.

병들고 곤고한 심령만을 가지고 그분께 나와 엎드렸을 때에,

이런 나를 멸시하지 않으시고 긍휼히 여겨주신 하나님께서, 성령의 강권적인 도우심을 통해 나 스스로는 절대로 부술 수 없는 못된 자아를 송두리째 빼내어 주신 것이라 믿어졌다.

"여호와께서 빈궁한 자의 기도를 돌아보시며 그들의 기도를 멸시하지 아니하셨도다" 시편 102:17.

남편이 원하는 것은 모두 다 들어주고 싶던 나는 그에게 대화를 청했다.

그리고는 나를 위해 가정을 지키려 했음과 전도에 대한 명분으로 남편을 붙잡고 있는 것은 모두 내 이기심 때문이었으며, 순전히 내 필요를 채우기 위한 것이었음을 고백하고 용서를 구했다. 그리고 일방통행으로 일관했던 내 미성숙한 신앙 태도로 남편과 아이들이 받았을 상처에 대해서도 미안하다며 용서를 구했다. 그리고 여전히 나를 보는 것이 괴로워 떠나고 싶다면, 그렇게 해도 좋다고, 그것 외에도 원하는 것이 있으면 하고 싶은 대로 하라고 진심으로 말해주었다. 하지만 남편이 나를 떠난다고 해도 나는 언제까지나 남편이 돌아오기를 기다리겠노라고도 말했다.

오랜만에 남편을 찬찬히 바라보며 대화를 하는데, 그는 아무런 대꾸도 없이 고개를 떨구고 있었다. 그리고는 축 처진 어깨를 가까스로 짊어지고는 밖으로 나가버렸는데, 그 모습이 이전 모습과 너무나 달라서 내 가슴이 도려내듯이 아려왔다. 지금 내가 겪고 있는 이 고독한 시간들을 남편 또한 지나왔을 것이며, 지금까지 그의 구원을 위한 숱한 싸움에서 내가 단 한 번도 승리할 수 없었던 것은 그를 향한 긍휼함이 없었기 때문이었다. 구원을 위한 싸움은 육신의 법으로 싸울 수 있는 것이 아니라 영적전쟁임을 깨달은 것이다.

"우리의 씨름은 혈과 육을 상대하는 것이 아니요. 통치자들과 권세들과 이 어둠의 세상 주관자들과 하늘의 있는 악의 영들을 상대함이라" 에베소서 6:12.

영적승리로 인해 찾아온 자유함은 그를 향한 긍휼함으로 변했다. 그렇게 원망스럽고 밉기만 했던 남편의 모습이 어찌나 안쓰러운지 내 간장이 녹는 것만 같았다. 진정으로 한 영혼으로 인해 심장이 찢기는 것 같은 고통을 경험하게 된 것이다.

그날 밤, 내 안에 채워진 긍휼함은 남편은 물론 구원받아야 하는 다른 영혼들을 위해 사용되어야 할 것이라고 결단하며 감사와 회개기도를 드리려는데 갑자기 말씀이 읽고 싶어졌다.

전날까지 열 번도 더 읽고 묵상했던 말씀 욥기 42장이었다.

욥기를 읽고 나자 이제는 잠언과 시편의 구절이 뒤따라 떠올랐다. 성령께서 감동을 주시는 것 같아 읽어보았다.

욥기 42장 5~6절, 잠언 1장 29~33절, 시편 119장 67~72절의 말씀들은 놀랍게도 내가 이 밤에 드려야하는 회개와 깊은 감사의 고백이었다.

"내가 주께 대하여 귀로 듣기만 하였나오나 이제는 눈으로 주를 뵈옵나이다. 그러므로 내가 스스로 거두어들이고 티끌과 재 가운데 회개하나이다" 욥기 42:5~6.

"대저 너희가 지식을 미워하며 여호와 경외하기를 즐거워하지 아니하며 나의 교훈을 받지 아니하고 나의 모든 책망을 업신여겼음이라. 그러므로 자기 행위의 열매를 먹으며 자기 꾀에 배부르리라. 어리석은 자의 퇴보는 자기를 죽이며 미련한 자의 안일은 자기를 멸망시키려니와 오직 내 말을 듣는 자는 평안히 살며 재앙의 두려움 없이 안전하리라" 잠언 1:29~33.

"고난당하기전에는 내가 그릇 행하였더니 이제는 주의 말씀을 지키니이다. 주는 선하사 선을 행하시오니 주의 율례들로 나를 가르치소서. 교만한자들이 거짓을 지어 나를 치려하였사오나 나는 전심으로 주의 법도들을 지키리이다. 그들의 마음은 살쪄서 기름 덩어리 같으나 나는 주의 법을 즐거워하나이다. 고난당한 것이 내게 유익이라 이로 말미암아 내가 주의 율례들을 배우게 되었나이다. 주의 입의 법이 내게는 천천금은보다 좋으니이다" 시편 119:67~72.

말씀을 무릎에 올려놓고 두 손을 높이 들었다.

'하나님! 감사합니다! 미련하여 재앙의 두려움 속에 있을 수밖에 없는 나를 긍휼함을 입혀서 건져내주시고 그로 인해 당신의 관점으로 나의 실상을 볼 수 있게 하셨습니다. 비로써 온전한 회개를 드릴 수 있게 됨을 감사드립니다.'

입술에서는 또 다른 고백이 이어지고 있었다. 성경 말씀은 현실의 눈만 가지고는 볼 수가 없었다. 하지만 영안을 열고 보면 단

한 구절도 틀린 말씀이 없었다. 정말 말씀대로 고난당한 것이 내게 유익이라 이로 인하여 내가 주의 율례를 배우게 되었다는 고백이 진심으로 나옴과 동시에 성심을 다해 주의 법을 지키고 행하겠다는 새롭게 거듭난 신앙고백을 엄숙히 주께 올려드렸다.

가장 낮은 모습에서 회복은 시작되다

 세 번째 맞이하는 추수감사절(Thanksgiving Day) 기도 중에 평강이 찾아들었다.

오늘도 알게 하시는 것은 더 이상 남편은 강퍅하지도 강하지도 않다는 것이었다. 계속 낮아지는 그를 온전한 사랑으로 감싸 안아야 한다고 말씀해주셨다. 그 말씀에 순종할 것을 다시 한 번 다짐하며, 남은 삶을 주님을 증거하는 것에 헌신하겠다는 서원기도를 다시금 드렸다.

하나님께서는 나의 동역자는 혈육도 골육도 아닌 남편이 될 것이라고 하셨다.

다만 그 때와 시기는 오직 그분의 권한에 있었고, 나는 그날을 기다릴 뿐이었다. 다만 이제 남편을 향해 친히 막대기를 들겠노라고 하셨듯이 남편의 고난은 가중되고 있었다. 남편은 강퍅함과 분노는 사라지고 있었지만, 경제적으로나 육신적으로 버거워했으며, 정서적으로도 피폐해져 심신이 많이 지쳐있었다. 그리고 본인의 잘못도 돌아보고 있는 것 같았다.

그가 말했다. 자신의 뜻과 소신이 옳다고 여겨 처신한 것들이 혈기와 강퍅함으로 괜한 객기를 부릴 때가 많았던 것 같다고...

예전에 두 주먹을 위로 올리고 "당신이 믿는 하나님은 없는 거다. 사람이 열심히 최선을 다할 때 그 결과만이 있는 것이다."라며, 하나님이 없다는 것을 자신이 회복됨으로 반드시 증명해 보이겠다던 그였는데 이제는 그런 강한 의지와 패기는 찾아볼 수가 없었다. 그저 미래라는 희망을 포기한 사람처럼 모든 것에 자신이 없어 위축되고 있었으며, 당뇨와 혈압수치마저 높아져 그를 괴롭히고 있었다.

그 뿐이 아니었다.

아는 지인과 시작했던 에너지 음료 사업도 실패로 끝났고, 이제는 직장을 구하지 못한 채 여러 달을 지나고 있었다.

그가 겪을 심적 고통이 안타까워, 교회로 나와 평안을 얻으라고 말하고 싶었지만 참았다. 어쩌면 이것이 또 내 의를 앞세우는 것일 수도 있으며, 이미 주님이 남편에게 개입하셔서 선하신 막대기로 그를 인도하고 계시는데 내가 방해하는 것은 아닐까 싶었기 때문이다. 그저 내가 할 수 있는 일은 그분을 믿고 온전히 내어 맡기고 기다리는 일이었다.

그렇게 시간이 흘러 그 해의 마지막인 12월 31일, 남편은 저녁 식사를 끝내고는 오랜만에 듣는 편안한 목소리로 말문을 열었다.

"그동안 깊이 생각해 보았는데 당신과 다시 잘해보고 싶다! 갈등 때문에 씨름도 많이 했지만 당신과 가정을 지켜야겠다는 결단을 했어. 앞으로 더 이상의 방황은 없을 거야!"

남편의 밝은 표정을 보는 것이 행복했다.

지금의 행복처럼 서로 노력하며, 남은 날을 잘 살아가자고 서로 약속했다. 그렇게 우리는 기쁨으로 새해를 맞이했다. 전혀 생각지도 못하던 그의 말에 나는 표현은 못했지만 많이 놀라고 있었는데, 이내 하나님의 손길이 그와 줄곧 함께 해왔음을 알게 되었다. 아둔한 나는 눈치 채지 못했지만, 그는 번민과 갈등으로 몹시 부대끼는 시간들을 보내왔을 것이며, 그 기간은 결코 혼자가 아닌 주님의 막대기가 함께 하셨던 것이다. 나는 아무것도 할 수 없는 것을 인정하고, 오직 내려놓음과 맡겨 드리는 것에 순종했을 뿐인데 내가 보게 되는 결과는 너무도 놀랍고 감사했다.

새로운 한 해도 어느덧 절반이 지나갔고, 아들은 독립해서 집을 떠나갔다. 우리 부부의 갈등을 곁에서 지켜보며 상처가 많았겠지만 잘 참아주고 내색하지 않던 아들이었다. 나 역시 아들에게 새로운 환경이 필요하다는 생각이 들기는 했지만, 아들이 떠나고 비어있는 방을 바라보며 경제적인 여유가 없는 부모인 것이 마음 아팠다.

딸의 방 역시 비어있었다.

딸은 2년 전 중국 선교사로 떠나가 있었다. 딸은 어릴 때부터 나와 함께 믿음 생활을 해왔고, 잠깐 한국에 교환학생으로 가있는 동안 믿음이 부쩍 성장해서 돌아왔었다.

딸 역시 하나님을 만난 감격이 너무 크고, 복음전파에 대한 사모험이 남달라서 중국에 선교사로 헌신하겠다며 떠나게 해달라고 부모인 우리에게 허락을 구했을 때 우리 집은 난리가 났었다.

내 믿음생활도 마땅치 않게 여기던 남편에게 딸마저, 그것도 그냥 교회를 다니겠다는 것도 아니고, 일가친척 아무도 없고 말도 안 통하며, 기독교를 달갑지 않게 여긴다는 그 중국에 선교사로 가겠다는 말에 남편은 길길이 뛰었다. 남편은 기가 막혀 죽겠다는 듯 "니 엄마가 그러는 것도 모자라서 너까지 이렇게 미쳐야겠느냐"며 견딜 수 없이 화를 냈었다.

하지만 딸을 막을 수는 없었다. 딸은 그런 남편의 반대를 물리치고 중국에 가있었다. 둘이 떠나버려, 허전해진 이 집에서 살지 말고 좀 더 작은 집으로 이사를 해야겠다는 생각이 들었다. 그동안은 아이들 때문에 집세가 버거워도 이 집에서 살았던 것인데, 이이들이 떠나고 없으니, 지금으로서는 도저히 감당할 수 없는 집세를 아끼고자 하루라도 빨리 이사를 하고 싶어졌다. 급하게 결정을 하고, 번갯불에 콩 볶듯 서둘러 이사를 했다. 부랴부랴 짐 정리를 하고 난 후에야 이사한 곳이 어떤 동네인지 둘러볼 여유가 생겼다. 동네의 환경은 열악했고, 아파트 단지는 지저분하고 어수선했다. 착잡한 마음이 올라왔으나 애써 억누르며, 이것이라도 구할 수 있었음에 감사하며 마음을 달랬다.

우리는 파산으로 신용이 망가진 사람이었기 때문에, 집주인들은 시세의 두 배가 넘는 보증금과 보증인을 요구하는 것이 보통이었고, 그럴만한 여유가 없던 우리가 집을 구하기란 무척이나 어려웠다.

우리의 형편에는 주변보다 집세가 싼 이곳이 최선이었다. 경제적 어려움은 해가 바뀌어도 여전했다. 이사하기 바로 직전 남편이 직장을 구했었는데, 물품분실사고가 생기는 바람에 회사에 손실을 끼쳐 입사한 지 두 달 만에 퇴사하고야 말았다. 내가 물질로 인해 고통스러워한다고 생각했던지 남편은 자신의 마음도 괴로울 텐데 내게 말을 건넸었다.

"많이 미안해"

"괜찮아요, 함께하지 못하는 것이 고통이지, 우리가 합심하고 있는데 언제까지 어렵기만 하겠어요. 내가 염려되는 것은 그저 당신 건강뿐이에요"

정말 그랬다.

나는 그동안 남편과 몸은 함께 있으되 마음은 남극과 북극처럼 멀리 떨어져있던 시간이 괴로웠지 지금 이 괴로움은 견뎌낼 수 있었다.

그렇게 얼마 후 남편은 새 직장을 구했다.

명함 상 직책은 의류 도매상 매니저였지만, 육체노동을 하는 일로 쓰러질 것 같은 모습으로 퇴근해서 돌아오곤 했다. 너무 지쳐있는 터라 저녁도 거른 채 잠자리에 들었지만 매일 밤 온몸의 통증으로 잠을 이루지 못했다. 건강 때문에라도 당장 그만두어야 했지만, 경제적 압박 때문에 그럴 수도 없었고, 매일 노심초사하는 그의 심정은 어떻게 표현할 수 없는 것으로 그저 간신히 하루하루를 버티고 있었다.

더위가 한창인 8월이 되었다.

에어컨을 켜보았지만 신통치 않았고 좁은 공간은 더운 날씨 탓에 무척 답답했다. 물질의 어려움까지는 견딜 수 있었으나, 내가 도저히 적응이 되지 않는 것은 따로 있었다. 바퀴벌레. 미국은 커다란 땅덩이만큼이나 바퀴벌레도 컸는데, 너무 싫어서 아침저녁으로 약을 뿌려보았지만 아무 소용이 없었다. 지구가 망해도 살아남을 생명력 강한 녀석들이라더니 정말 그런 것 같았다. 아무리 약을 뿌려도 그 다음날이면 나를 조롱하듯 더 많은 바퀴벌레가 우글거렸다.

하루는 남편이 늦은 저녁 물을 마시러 부엌 불을 켰는데, 바닥에 바퀴벌레가 얼마나 떼를 지어 우글거렸던지 다음날 아침 미간을 찌푸린 채 말했다.

"어젯밤에 바퀴벌레들이 단합대회라도 한 모양이야! 아니면 온 가족이 모여서 할머니 할아버지 칠순잔치라도 했든지! 아주 떼를 지어 있더라구!"

내가 바퀴벌레를 끔찍이 싫어하는 것을 잘 알고 있어서, 웬만하면 그런 말을 하지 않을 텐데 아마도 남편 역시 바퀴벌레를 보는 것이 몹시 불쾌하고 싫었던지 참지 못하고 말해버린 것이다.

나는 날이 어두워지면 불을 켜고 집안을 둘러보는 것이 고문처럼 느껴졌다. 발밑에 바퀴벌레가 있다는 생각만으로도 다리가 후들거리고, 당장에 쓰러질 것 같았다. 평소에 바퀴벌레를 그림책에서만 봐도 비명을 지르는 나인데, 실제로 눈앞에 보이면 그것도 떼를 지어 우글거리는 것이 보이면 어찌 해볼 도리가 없었다. 마음 같아서는 바퀴벌레가 없는 곳으로 이사를 하고 싶었지만, 무일푼으로 하는 궁리는 아무런 대안이 없었다.

견딜 수 없는 여름이 더디 간다고 생각했지만, 어느덧 길고 긴 여름의 끝자락으로 와 있었다.

찜통 속같이 더운 집안 공기로 밤잠을 설치는 날도, 바퀴벌레와 마주칠 때마다 기절할 것만 같던 날도 지나가고 있었다. 여름 내내 손꼽아 기다리던 가을이 성큼 다가오는가 싶더니, 어느새 겨울을 재촉하는 비가 내리던 저녁이었다.

우리의 인생도 겨울처럼 느껴져 서글픈데 비까지 내리니 내 기분 탓이었는지 몰라도, 창밖을 바라보며 앉아있는 남편의 모습이 너무 쓸쓸하게 보여 마음이 아팠다. 암울한 현실을 잘 견디고 있지만, 가끔은 평소보다 더욱 마음이 힘든 날이 있는데 아마도 그날이 아니었던가 싶다. 나도 같이 마음이 어려워지려는데 불쑥 내 안에서 성경 말씀 한 구절이 떠올랐다.

"너희는 스스로 굳세게 할지어다" 학개 2:4.

그래서 남편에게 살며시 다가가 격려의 말을 건넸는데, 가만히 듣고 있던 남편이 벌떡 일어나더니 마켓을 다녀오겠다며 나가버렸다.

생활비도 항상 쪼들리는 판에 무슨 마켓일까 싶었지만 그냥 가만히 기다리고 있는데, 곧 시간이 얼마 지나지 않아서 남편이 돌아왔다. 얼굴은 밝아져있었고, 한 손에는 생선회가 담겨있는 봉투가 들려있었다. 그리고는 신나는 일이라도 있는 듯 기분 좋은 목소리로 입을 열었다.

"오늘 같은 날은 특별식을 해먹고 우울한 기분 날려버리자! 당신 가만히 있어, 오늘 저녁식사는 내가 맛있게 만들어줄게!"

남편은 소매를 걷어부치고 음식 상차림을 하면서, 옆에서 도와주려는 나를 저쪽에 가서 쉬고 있으라며 밀어냈다.

남편이 저러는 것을 보니 마음이 우울하긴 했었구나도 싶고, 우울한 기분에 빠지지 않고 애써 회복해보려는 마음이 고마워 남편의 말대로 멀찌감치 떨어져 기다리고 있는데 잠시 후 남편이 나를 불렀다.

"여보, 이제 와도 돼"

식탁에 다가가보니, 정말 오랜만에 먹어보는 생선회도 그렇지만, 정성들인 식탁 장식에 눈이 황홀해졌다. 무엇보다 남편 때문에 마음이 아프기도 했지만, 잘 견디어주고 있는 것이 고마워서 그 순간은 말로 할 수 없는 감동이 밀려왔다.

그런 나를 보고 남편은 다시 말을 이었다.

"우리가 마지막 외식이 언제였지? 일 년 전쯤인가? 당신한테 미안하군. 아무튼 여기다 한상 차려놓으니 어느 식당보다 더 멋지고 훌륭하게 차려진 것 같아. 그렇지 여보?"

그랬다. 세상 어떤 식당이 이보다 더 근사할 수 있을까?

"네! 맞아요. 정말 여기보다 더 멋지고 근사한 식당은 없을 거예요!"

그의 솜씨와 배려에 진심으로 감동하여 환호의 박수를 보내주었다.

그날도 평소와 같은 이야기를 하며 식사를 했겠지만, 무슨 이야기였는지 평소보다 많이 웃었고, 평소보다 더 행복했다. 창밖을 두들기는 빗줄기는 더 이상 암울한 겨울비가 아니었다. 아름다운 추억을 만들어주는 낭만의 비만 내릴 뿐이었다.

하나님은 우리 부부의 관계회복에 이어 멀어져 있던 아이들과의 관계도 회복시켜주셨다. 어느덧 시간이 흘러 딸은 중국선교를 마치고 돌아와서 우리 부부와 함께 잠시 머물러 있었는데 마음이 많이 어려운 것 같았다. 대화를 해서 마음을 풀어주고 싶었지만, 나를 향해서도 마음이 굳어있는 상태라 어떤 이야기도 털어놓지를 않았다. 때문에 나는 그저 혼자만 짐작할 뿐 딸에게 꼬치꼬치 따져 묻지 않고 마음이 풀리기를 가만히 기다리고 있었다. 하지만 딸의 마음은 좀처럼 풀리지 않아 기다리고 있는 내 마음도 쉽지 않았다.

물론 남편과 딸의 관계도 나와 다를 것이 없었다. 한동안 말도 하지 않고, 마음도 열지 않았으며, 가족이 아닌 것처럼 우리 부부에게 냉랭하던 딸은 대학원 진학을 결정하더니, 학교에서 가까운 곳에 사는 친구와 함께 지내겠노라 말하고는 집을 떠나버렸다.

아들은 딸과는 상황도 이유도 다르지만 우리 부부에게 마음이 상해있는 것은 마찬가지였다.

그동안 우리 부부의 갈등을 지켜보며 견디고 있던 아들은 결국 분노와 실망감으로 집을 떠나는 결정을 내렸었다. 그 당시 결정을 말리지 않고 원하는 대로 하라고 허락했던 것은 떨어져 살면 서로 갈등을 빚을 일도 줄고, 서로 생각할 여유가 있으니 관계가 좀 회복되지 않을까 싶은 기대도 있었다.

하지만 그렇지 않았다. 아들에게는 우리 부부가 갈등을 빚던 기억만 남아있었고, 방황하던 남편으로 인해 괴로워하던 내 모습과 변해버린 아버지를 향한 아들의 원망만이 있을 뿐이었다.

모두 나 때문이었다.

남편으로 인해 너무 힘들었을 때, 늘 아들에게 하소연을 했었는데 그게 아들에게 남편을 향한 오해와 원망을 만들어내고 있었던 것이었다. 그때는 정말 그것이 잘못이라는 것을 몰랐다. 너무 힘들었고, 밖에 있는 사람에게는 말할 수 없으니 그래도 가족이고, 묵묵히 들어주며, 내 마음을 알아주는 것 같은 아들에게 말을 했던 것인데 아마도 아들은 내가 마음 아파하는 것을 보는 것이 힘들고, 그로 인해 남편을 향한 원망이 생겼던 것 같았다. 그래서 남편에게 용서를 구하듯이 아들에게도 만날 때마다 매일 용서를 구했다. 모든 것이 다 엄마 때문이라고, 아빠 잘못이 아니라고. 그래도 아들은 돌이키지 않았었다.

내가 할 수 있는 것은 그저 기다리는 것뿐이었다.

환경이 좋아지기를 기다리고, 남편이 주님 앞에 나오기를 기다렸으며, 딸과 아들의 마음이 풀어지기를 기다렸다. 할 수 있는 것이 그것뿐이라 마냥 기다렸지만, 조금도 쉬운 일은 아니었다. 그 기다림 가운데 순간순간 마음이 상할 때도 많았으며, 하나님을 향한 믿음도 흔들렸고, 내가 기다리는 것이 오지 않을 것 같다는 두려움들이 나를 억눌렀다. 그래도 내게는 길이 없었다. 할 수 있는 것이 있었다면, 다른 시도를 해보았겠지만 아무것도 할 수 없으니 그저 하나님께 맡기고 기다렸다.

신기한 일은 그 기다림 속에 정말 변한 것은 나였다는 것이다. 그 많던 불평과 불만은 회개와 감사로 바뀌었고, 주님을 받아들이지 않는 남편을 향해 도대체 진리인 주님을 왜 받아들이지 못하느냐며 탓하는 말 대신 미안하다 잘못했다 용서해달라는 그리고 괜찮다, 언젠가는 잘 될 것이라는 격려의 말로 바뀌었다.

사실 뒤돌아보면 내 변화는 내 힘도 의지도 아니었다.

도대체 세상 누가 스스로 변할 수 있단 말이던가!

내 애타는 기도에 응답이 없는 것 같은 하나님은 나만 몰랐을 뿐 꾸준히 내 삶에서 일을 하고 계셨고, 끊임없이 우리를 기다려주고 계셨다. 내가 변하기를, 남편과 진심으로 만날 수 있기를, 내 자녀들의 상한 마음이 치유되기를, 그리고 가정이 회복되기를 말이다. 내가 기다림으로 힘이 들었다면, 더 많이 힘들었을 분은 하나님이셨고, 더 애가 타는 것은 하나님이셨다. 다만 나와 다른 점은, 그분은 기다리시되 끝까지 기다리시고 포기하지 않으신다는 점이었다. 그 덕분에 우리 가정은 서서히 회복되고 있었다.

그런 기다림의 시간을 보내는 동안 우리 부부의 관계는 많이 달라졌다.

밥을 하려고 쌀통을 열었을 때, 쌀 한 톨 없는 것을 보면서도 불평하거나 슬퍼하지 않았다. 물론 낙담하지도 않았다. 아무것도 없는 쌀통을 들여다 본 남편은 웃으며 내게 말했다.

"우리 도대체 무슨 짓을 하고 살았던 거지?"

다만 쌀이 없음으로 인해 마음이 상할까 서로를 배려했고, 믿을 것이 없기에 서로를 더욱 신뢰했으며, 부족한 것들은 그저 서로를 향한 사랑으로 채워주려고 노력했다. 남편의 마음이 서서히 회복되어 갔고, 당연히 방황도 끝이 났으며, 딸과 아들의 행동과 표정도 변해갔다. 나빠진 환경에도 적응해주었으며, 우리 부부가 사는 집에 찾아오는 횟수가 점점 빈번해지더니 결국은 다시 함께 살고 싶다고 말해주었다.

우리가 살던 곳은 원룸이라 함께 생활하려면 이사를 가야 했지만, 계약기간이 3개월이 남아있는 터라 그냥 지내기로 했다. 장성한 자녀들과 그들이 가져온 짐으로 집안은 더욱 비좁아졌지만 그간 우리 가족 사이에 있던 모든 틈을 메워주기에 딱 좋은 공간이었다.

예전에 공간이 넓어 각자 방이 있을 때에는, 각자 자신의 방으로 들어가 버리니 하루종일 얼굴 한 번 제대로 마주치지 못하는 날이 많았는데, 이제는 방이 없으니 저녁 식사 때마다 많은 이야기를 나눌 수 있었다. 서로의 일과와 생각을 나누었고, 서로를 더욱 알아갔으며, 많이 웃었다. 그런 시간을 마치면 스포츠를 좋아하는 남편과 아들은 TV 스포츠 중계를 보면서 시합을 평가하느라 입에 침이 튀었고, 기다리던 스포츠 경기라도 있는 날이면 남편은 아들과 함께 TV중계를 보고 싶어서 직장에 있는 아들에게 전화를 하곤 했다.

"오늘 알지? 끝나자마자 와야 해. 알았지?"

매일 매일이 정말 참 행복했다.

남편에게 불만이 있던 아들은 이렇게 관계가 회복되면서 지난 힘든 시간을 다 잊어버린 것 같았다.

괴로웠던 날도, 원망이나 미움도 전혀 없었던 사람들 같았다. 사실 아들도 나도 그리고 딸도 우리 모두는 알고 있었다. 남편이 우리에게 얼마나 헌신적이었으며, 사랑이 많았는지, 가정 밖에 몰랐던 사람이라는 것을 말이다. 그런 사람을 한 순간이라도 잃게 되니 우리는 그 상실감과 허전함이 너무 컸던 것이었다.

하나님은 매일 새벽예배를 통해 주의 얼굴을 구하는 딸의 마음에 가로놓인 빗장을 열어주셨다.

냉랭하던 모습에서 다시 원래의 밝고 활기찬 모습으로 돌아와서 선교지에서 보낸 시간은 소중했으며, 하나님께서 영적지경을 넓혀주시려는 훈련의 과정임을 깨달았고, 모든 것이 자신에게 유익이 되었다며 그간 일을 간증해주었다.

알고 보니 선교에 대한 열정만으로 중국으로 떠났지만, 아무리 선교지라해도 다양한 사람들이 모인 곳이고 사역을 하다보면 현실적인 문제를 많이 만나게 되면서 마음에 상처와 실망이 되는 일이 많았던 것 같았다. 그래도 견디는 것은 자신이 하나님의 사역을 하고 있으면 하나님은 딸의 아버지, 즉 남편의 마음에 기적적으로 역사하서서 교회를 다닐 것이라고 생각하며 매일 기도해 왔다고 했다.

그런데 집에 돌아와 보니, 경제적 형편은 더욱 곤핍해져있고, 부모인 우리에게 큰 실망을 해서 마음이 너무 힘들었고, 결국은 떠날 수밖에 없었던 것이었다.

하지만 우리 부부의 관계가 회복되는 모습에 따뜻함과 화목함을 느껴 다시 집으로 돌아오고 싶었다고 했다.

그렇게 3개월이 지나, 딸은 남편을 다시 전도하기 시작했다. 나 역시 오래 전부터 하고 싶었지만, 남편이 싫어할까 참고 있다가 조심스럽게 딸을 거들며 교회에 가기를 권면해 보았다. 딸과 나의 말에 가타부타 반응이 없던 남편은 한 달이 지나자 긍정적인 반응을 보여주었다.

"내가 나를 잘 아는데 언젠가는 교회를 나갈 수밖에 없을 것 같아! 곧 스스로 나가게 될 거요! 조금만 기다려 보구려!"

딸과 나는 남편의 그런 반응에 너무 감사하고 기뻐 어쩔 줄을 몰랐지만, 혹시라도 어떤 부분에서 마음을 상하게 하는 것이 있을까 표현에도 조심스러웠다. 다만 그 언젠가가 언제가 될지 새로운 기다림이 시작되었다. 그렇게 주님의 막대기가 남편의 굳은 영을 서서히 제거하시고 부드러운 새 영을 부어주시고 있는 가운데 시련은 계속되고 있었다.

앞에서도 잠깐 언급했듯 남편은 학창시절 아이스하키 선수로 활동했는데, 아이스하키가 서로 몸을 부딪치며 하는 거친 운동이라 선수시절 어깨를 크게 다친 적이 있었다. 치료를 성실히 받았으며, 일상생활에 지장이 있는 것은 아니었지만 몸을 쓰는 고된 노동을 하다보니 그동안 잠잠하던 어깨에 통증이 다시금 시작된 것이었다. 결국 참다가 너무 극심한 통증으로 치료를 시작했는데, 의사는 지금 하는 일을 그만두어야 한다고, 말을 듣지 않고 계속하는 경우 오른팔은 아예 사용할 수 없을 것이라는 무시무시한 경고성 진단을 내렸다.

이미 몸이 너무나 지쳐있었고, 통증도 심했으며, 오른 팔을 못 쓰게 될 수도 있다는 두려움에 결국 직장을 그만둘 수밖에 없었다. 어떻게든 재기해 보겠다고 할 수 있는 모든 힘을 다해 안간힘을 써보았지만, 경제적인 것은 물론 건강조차도 뜻대로 안 되는 것에 남편은 절망했다.

"이제 모든 것을 다 내려놓고 싶소."
사방이 자신을 에워 쌓아, 자신의 힘으로는 그 막힌 것들을 헤쳐 나갈 수 없음을 받아들인 말이었다.

그의 말에는 분노도 혈기도 원망도 아무것도 없었다. 그저 이제는 자신의 한계를 편안하게 인정하는 것 같았고, 스스로를 더 낮추게 되었다. 이런 남편의 모습도 나는 사랑한다고, 그리고 하나님은 더 남편을 사랑한다며 부담스럽지 않되 힘 있게 복음을 증거하자 그는 묵묵히 듣고만 있었다.

그리고 완전히는 아니지만 몸이 어느 정도 회복되자, 남편은 새로운 직장을 구했고, 건강을 되찾아 땀을 흘려 일할 수 있다는 것이 얼마나 감사한 것인지 매일 절실히 느끼며, 범사에 감사하는 사람으로 변해가고 있었다. 그러던 중 남편의 생일이 다가오고 있었다. 남편에게 근사한 선물이나 식사라도 차려주고 싶었지만, 우리의 경제적인 형편은 도저히 그럴 여력이 되지 않았다. 그래서 마음이 아프던 그 날이었다.

"엄마 아빠, 여기로 좀 와보세요"

아들과 딸이 불러서 가보니, 바닥에 포장된 여러 가지를 수북이 쌓아두고 얼굴 가득 웃음을 띤 채 앉아있었다.

"풀어보세요, 선물이에요"

멀뚱하게 있는 우리 부부를 향해 포장을 풀어보라며 재촉했고, 그 포장을 풀 때마다 우리 부부의 눈시울이 점점 붉어졌다.

포장을 걷어내자 두루마리 화장지, 전기면도기, 비누, 샴푸 등 생필품이 하나씩 모습을 드러내기 시작했다. 모두 다 우리에게 꼭 필요했던 것들이었다. 어쩌면 이 모든 것들은 마트에서 한 번에 아무런 감동없이 장을 볼 수도 있는 것들이고, 선물이라고 하기에 어떤 사람에게는 하찮게 느껴질 수 있겠지만, 우리 부부는 그동안 아이들이 함께 살면서 결핍에 불평하지 않고, 우리 부부를 자세히 살피며 무엇이 필요한지 궁리하다가, 자신의 적은 돈을 모아서 선물해주었다는 것이 너무 감격하고 고마웠다. 우리 부부의 모습에 아이들도 감사해했고, 가족 밖에 모르던 남편에게 다시 찾은 가족애는 가장 좋은 생일 선물이었다.

풍랑이 이는 바다에서 역풍을 만난 것처럼, 위기 가운데 있는 우리 가정에 하나님의 큰손이 에워싸 버리니 따뜻한 순풍이 되어 살아온 중에 가장 작은집에서 가장 풍성한 포근함이 온 집안에 가득했다.

그런 3개월을 보내고 우리가 모두 함께 살 수 있는 아담한 주택으로 이사를 했다.

그러던 어느 날이었다.

그날이 왔다.

딸과 내가 기다려왔던 그 언젠가, 정말 오기는 올까 싶던 그 언젠가가 이렇게 빨리 우리에게 와줄 줄은 정말 몰랐다. 남편이 입을 열었다.

"교회 가자"

주일이었는데, 남편이 스스로 우리에게 교회를 가자고 했다. 자신도 함께 가겠노라고, 가고 싶다고.

"오직 믿음을 자라나게 하시는 이는 하나님뿐이라"고린도전서 3:6~7.

내가 할 수 없어 어쩔 수 없이 했던, 온전한 내려놓음 뒤에, 그분의 때가 이르면 남편이 사람들에게 전도할 수 있는 직분을 감당하게 되기를 간절히 소망해왔던 나였다. 무척이나 고통스러운 날, 아무것도 아닌 나를 왜 이렇게 뜨겁게 연단하시느냐고 주님께 울부짖을 때, 수제자가 되기 위함이라고 영혼에 들려진 음성과 함께 이사야 48장 10절 말씀을 주셨다.

"보라 내가 너를 연단하였으나 은처럼 하지 않고 너를 고난의 풀무에서 택하였노라."

내 고난의 풀무 가운데는 나 혼자가 아니었다.

주님이 계셨고, 그리고 남편도 늘 나와 함께 있었다. 이제 남편을 향해 시작된 주님의 막대기가 고난의 풀무 가운데로 몰고 가고 있다면, 이번에는 내가 남편과 함께 있어야 함은 당연한 일이다. 하나님을 아는 지식이 없어 망할 수밖에 없었던 나를 홀로 버려두지 않으셨던 주님의 긍휼함 덕에 내가 이 자리에 있음을 알기에, 나 역시 남편을 혼자 버려두어서는 안 되기 때문인 것이다.

우리의 환경은 아무것도 달라진 것이 없다.

내가, 아이들이, 그리고 남편이 달라졌을 뿐이고, 우리는 더 이상 환경을 탓하지도 영향을 받지도 않게 되었다. 예전 하나님을 모르던 시절, 피상적으로 그저 아는 것에만 머물러 있던 시절 우리의 환경은 이보다 훨씬 풍족했고 호화로웠다. 하나님을 알게 된 후 하나님 때문이라고는 할 수 없지만, 많은 것을 잃었고 그 옛날 가졌던 풍족함을 누리지 못하지만 우리는 이 모습에 감사하고 만족하며 예전 모습으로 돌아갈 수 있다고 할지라도 가고 싶지 않다. 너무 오랜 시간 고통과 기다림을 통해 얻게 된 열매이기 때문이다. 이런 모습이 될 때까지 우리 각자도 그리고 누구보다 하나님의 오랜 기다림과 인내가 있었기에 가능한 일이었음을 다시금 고백하지 않을 수 없다.

제3부
약속 이행을
기다리는 하나님

사단의 덫을 분별하라

 평생 한 교회에서 신앙생활을 하는 사람이 있다면 참 복된 사람이 아닌가 한다.

너무 좋은 교회를 만나서 시험이 없었던 것이 좋다는 뜻이 아니고, 어느 교회나 부족한 모습이 많은데, 한 교회만을 평생 묵묵히 섬긴다는 것은 자신의 의지나 수고로 인한 것이 아니라, 자신의 한계로는 받아들일 수 없는 수많은 것들을 인내하고 순종하며 헌신해왔다는 증거이며, 그것은 하나님이 함께 하시지 않는다면 결코 이루어질 수 없는 일이기 때문이다.

뿐만 아니라 그 모든 과정이 하나님을 의뢰하지 않고는 결코 감당할 수 없는 것이기에, 어려운 모든 순간마다 하나님과 동행하는 삶을 살았을 터이니 복된 사람임이 분명하다는 뜻이다. 대개는 적지 않은 사람들이 나름대로의 이유 때문에 한 교회에서 평생을 섬기지 못하고 옮겨 다닌다. 물론 그럴 수밖에 없는 사정이 있다는 것은 나도 안다. 나 역시 신앙이 어리고 분별이 없을 때에는 그에 맞는 이유로, 성숙해져 분별이 있다고 스스로 생각하는 때에는 비판과 판단을 하며 교회의 적을 옮기곤 했다.

20여년의 신앙생활 동안 나는 수없이 잘못된 선택을 했고, 그때마다 하나님은 나를 가르치시고 인도해주셨다. 덕분에 잘못된 선택을 할 때마다, 하나님의 은혜로 필요한 깨달음을 얻을 수 있는 좋은 배움의 기회로 삼아주신 하나님이 계셨음에 감사로 끝을 맺을 수 있었다. 하지만 교회를 정하는 부분에 있어서도 순종보다는 내 생각만을 고집하면서 역시 잘못된 선택을 했고, 그래서 한 교회에 정착하지 못하고 옮겨 다녔는데 그것이 신앙생활에 있어 가장 회한이 남는 부분이다.

첫 번째 교회는 미국에 들어와 처음 다닌 곳이었는데, 갑자기 이사를 하게 되면서 6개월 만에 교회 교적을 옮기게 되었다.

아마도 미국에서의 신앙생활이 본격적으로 시작된 것은 이 두 번째 교회부터였던 것 같다.

주일 예배와 소모임인 목장 모임만 참석하기를 1년 정도 했을 때, 기도 중에 주님께 받은 은혜를 갚고 싶다는 생각이 들었다. 막연하지만 주의 일에 헌신하고 싶다는 소원을 마음에 품었던 것 같다.

'무엇으로 주님께 드릴 수 있을까? 내가 할 수 있는 일이 무엇이 있을까?'

내 신앙의 수준은 어렸고, 별다른 재주도 없기 때문에 교회에서 할 수 있는 봉사가 없다는 생각이 들었다.

그러던 중에 주보에서 교회 식당에서 봉사자를 모집한다는 광고를 보았다. 식당에서 봉사자를 찾는다면 밥하고 설거지 하는 일인데, 아무리 재주가 없는 나라도 그것은 충분히 할 수 있겠다는 자신감이 있었다.

식당 봉사를 책임지고 있는 권사님께 봉사에 참여하고 싶다고 말씀드리고, 주일 일찍 교회로 향했다.

첫날이라 다소 긴장한 마음으로 교회 주방을 향해 발걸음을 재촉하던 내 발걸음이 갑자기 멈추어 섰다. 주방으로 들어가려면 성가대 연습실을 지나가야 했는데, 무슨 생각에서였는지 그 연습실 안을 빠끔히 들여다보느라 그랬던 것이다. 아무 생각없이 무심코 한 행동이었는데, 그런 내 눈에 나를 향해 반갑게 마구 손을 흔들며 들어오라고 손짓하는 집사님 한 분이 보였다.

나에게 하실 말씀이라도 있으신 것일까 싶어 어리둥절한 채 들어갔는데, 집사님은 갑자기 내 손을 꼭 잡고는 말씀하셨다.

"내가 오늘 연습시간보다 일찍 오게 됐거든. 그래서 여기 앉아서 기도하는데, 성령님께서 지금 여기를 지나가는 사람을 불러서 찬양을 하게 하라는 감동을 주시지 뭐야. 그래서 내가 얼른 눈을 뜨고 봤더니, 자기가 빠끔히 여기를 들여다보더라?"

"저는 오늘부터 식당봉사를 할건데요?"

"아니야, 하나님이 부르셨다니까? 여기 무조건 앉아요."

"에이 무슨 말씀이세요, 감동이 다른데요? 저는 식당 봉사하라는 감동을 받았는걸요?"

찬양이라는 것을 딱히 해본 일이 없기 때문에 나는 성가대 감이 아니라고 여러 차례 고사했지만 집사님은 하나님의 뜻이라며 나를 보내주지 않고 그 자리에 앉게 하시고야 말았다.

우리 둘이 그렇게 옥신각신하는 사이 그간 시간이 흘렀는지 성가대 연습실은 어느새 성가대원들로 가득 차 있었고, 그 집사 님은 내 의지와는 상관없이 일어나더니 크게 소리를 질렀다.

"여러분, 여기 좀 봐주세요. 오늘부터 우리와 함께 성가대에서 봉사하실 분이세요. 환영의 박수 먼저 보내주시고, 오다가다 만 나시면 아는 척들 해주시고 많이 도와주세요, 알았죠?"

그 상황에서 도저히 더는 빠져나올 수가 없어서 그날부터 성 가대를 하게 되었다.

나는 성가대는 할 생각도 없었는데 이게 무슨 일일까 싶었지 만, 하나님의 생각은 사람의 생각과 다르셨다. 하늘이 땅보다 높 음같이 높고도 깊은 그분의 생각은 나를 향한 배려였다(이사야 55:8- 9). 찬양을 통하여 풍성한 은혜를 부어주시기 위함이었던 것이다.

성가대를 시작으로, 성경공부와 기도모임을 통해 사모해왔던 방언도 받았다. 교회 여러 공동체 안에서 질서를 익히고, 여러 모 양으로 참여하며 섬김을 배우고 익혀갔다. 봉사라는 것은 하나님 의 사역을 위해 내 시간과 노력을 헌납해 드리는 것으로 알고 있 었는데 그것이 아니었다.

봉사는 내 안에서 풍성히 채워지는 주님의 사랑을 느껴, 심령 의 기쁨과 성령의 충만을 경험하며, 찬양과 찬송이 늘 입에 머물 러 있는 놀라운 은혜를 체험하는 것이었다. 성가대 인도를 하는 지휘자는 전도사님이셨는데, 항상 연습시간보다 일찍 오셔서 무률기도로 준비하시는 모습에 매번 은혜를 받았다. 그분의 뒷모습을 바라보는 것만으로도, 이미 은혜가 넘쳐서 연습을 시작하기도 전에 눈에는 감동의 눈물이 고이곤 했다.

전도사님은 소프라노 음역 대의 곡을 선호하시는 편이었는데, 나는 도무지 높은 소리를 낼 수 없었다. 그저 내 옆자리에서 높은 음을 시원하게 뿜어내는 집사님의 소리를 들으며, 마치 내가 하는 것 인양 감격하며 찬양했다. 그러는 매 순간이 행복했다. 그런 행복한 시간이 잠시 이어지다가, 전도사님께서 남편분의 목회 사역으로 인해 다른 주로 떠나시게 되어 우리의 서운함은 이루 말할 수가 없었다.

그분이 떠나신지 한 달 후, 성가대원 각자에게 엽서를 보내주셨다.

나에게 보내주신 엽서의 첫 인사는 이렇게 시작되고 있었다.

"언제나 은혜가 충만하여 찬양을 부를 때마다 눈가에 이슬이 맺혀있던 집사님의 얼굴이 생생합니다."

정말 그랬다! 찬양으로 섬기라고 하신 성가대의 자리는 전적으로 하나님이 허락하신 내 은혜의 자리였었다.

안타깝지만 빛이 있으면 어둠도 있는 법, 교회에는 은혜의 자리가 풍성하지만, 이를 방해하려는 세력이 호시탐탐 노리고 있게 마련이다.

교회에서 은혜를 누리지만, 실족하는 경우도 많은 것은 우리가 볼 수 없는 곳에 사탄이 덫을 쳐놓고 우리가 걸려들기를 기다리는데, 사탄이 덫을 놓는 솜씨가 보통이 아니라서, 조금만 방심하면 누구나 그 덫에 걸리기 때문이다. 사탄은 자신의 정체를 드러내는 전면공격을 하기 보다는, 우리의 마음과 생각을 조장하여 교묘하게 올무에 걸어 넘어뜨린다.

만약 그가 자신의 정체를 여실히 드러내어, 우리가 그의 계략임을 알 수 있다면 누구라고 그의 모습에 넘어가겠는가? 사탄은 정말 우리가 알아채지 못하게 덫을 놓는데, 공동체 안에는 피하고 싶은 여러 모양의 방해물들, 바로 사탄의 덫이 숨겨져 있다.

만약 교회 안에 있는 이런 모습들이 싫어서 피하면, 또 다른 모습을 만나게 되고, 다시 그 모습도 피하면 또 다른 모습의 덫이 기다리는 것이다. 우스갯소리로, 이 꼴이 싫어 피했더니 저 꼴이 기다리고 있고, 저 꼴이 싫어 피했더니 이 꼴이 기다리고 있으며, 이 꼴도 저 꼴도 싫어 도망쳤더니 뒷 꼴 잡을 일이 기다리고 있더란다. 그래 이제는 그마저도 싫어서 눈을 감아버렸더니, 기가 막힌 방해물에 부딪혀 눈에서 별이 왔다 갔다 하는 별꼴을 겪고야 말았다는 말을 들은 적이 있다.

누구나 듣고 웃어버릴 이야기지만, 사실 우리는 이 방해물을 이겨내지 못하면 다른 방해물을 만나게 마련이고, 이겨내는 과정이 힘들어서 도망만 치며 피하다보면 결국은 원수 사탄의 덫으로 들어가 버리고야 만다는 것이다.

사탄의 길은 처음에는 편하고 아름다워 보이기에 누구나 속기가 쉽다. 사탄은 이런 여러 가지 방해물을 동원해서 교회나 공동체를 분열시키고 분쟁과 다툼을 일으키며 결국은 와해시켜버리는 것이다.

나 역시 거기서 예외는 아니었다.

교회 안에 있는 한 지체에게 시험이 들어, 마음이 너무 상해서 애를 태우다가 결국은 교회를 떠날 결심을 해버리고는 하나님께 기도했다. 앞에서 말했듯 내 마음대로 결정하고 하나님께 결재를 받으려는 기도였다. 형식적이라 해도 차마 묻지 않고 떠날 수는 없어 얼마간의 기간 동안 기도하고 있는데, 가까이 지내던 선교사님 댁에서 한 설교 테이프를 듣게 되었다.

"일방적인 화해"라는 제목의 설교였는데, 일방적이라는 말 그대로 상대방의 상태와는 상관없이 내가 먼저 손을 내밀어 화해를 요청하라는 것이었다.

흔히 잘못을 한 사람이 용서를 구하며 화해의 손을 내미는 것이 당연하다고 생각하지만 현실의 삶에서는 그 당연한 일이 잘 일어나지 않는다. 그러면 피해를 입은 사람은 혼자 원망과 화로 자신의 마음을 태워 처음보다 더 큰 상처를 만들어내며, 둘의 관계는 영영 회복할 기회를 잃어버리게 되는데 하나님은 이것을 원치 않는다고 하셨다. 때문에 피해를 입은 사람이 먼저 화해의 손을 내밀라는 것이다.

물론 이 때에도 가해자가 자신의 잘못을 깨닫고 화해를 받아들이면 최상이지만, 전혀 기억도 하지 못하거나 자신의 잘못을 인정하지 않아서 화해의 손을 외면해버리고 잡아주지 않는다고 하더라도 괜찮다고 상관하지 말라고 하셨다. 화해를 청하는 것은 그 사람을 위해서가 아니라, 그 일로 인해 마음이 상해 있는 자신을 위해서 그리고 주님 때문에 하는 것이기 때문이었다. 각각 그 행위와 그 행실대로 보응하시는 하나님께서 우리의 거짓됨을 감출 수 없기 때문이라는 것이다.

> "만물보다 거짓되고 심히 부패한 것은 마음이라 누가 능히 이를 알리요마는 나 여호와는 심장을 살피며 폐부를 시험하고 각각 그의 행위와 그의 행실대로 보응하나니 불의로 치부하는 자는 자고 새가 낳지 아니한 알을 품음 같아서 그의 중년에 그것이 떠나겠고 마침내 어리석은 자가 되리라" 예레미야 17:9~11.

누군가를 향한 원망으로 가슴을 태우고 있는 나에게 하시는 말씀 같았다. 나는 상대의 잘못에 눈이 멀어 화해라는 것은 전혀 생각도 못하고 있었고, 그 때문에 더욱 그 말씀이 신선한 충격으로 다가왔다. 상황은 이랬다.

교회에서 아주 신실한 지체가 있었는데, 여러모로 지혜롭고 성실해서 나는 그녀를 내 롤 모델(Role Model)로 삼아 닮아가려고 노력하고 있었다. 그러다보니 당연히 가까이 지내게 되었고, 그러는 중에 내가 경제적인 손해를 입게 된 일이 있었는데 나는 자꾸만 그 이유가 그녀인 것처럼 생각되었다.

사실 그녀의 고의가 아니었고, 손해도 그다지 큰 것은 아니었지만, 내 손해를 알면서도 미안하다고 말 한 번 하지 않는 그녀에게 서운했다. 마치 나에게 관심도 없다는 듯 느껴지고, 무시받는 것 같은 기분에 자존심이 다쳤다. 앞서 말했듯 그녀는 내가 닮고 싶은 롤 모델이었기 때문에 더욱 실망했었다.

그 후, 그녀의 단점이 눈에 들어왔고, 그녀가 잘되는 것을 보면 이렇게 고쳐야 할 점이 많은데도 그녀를 나무라지 않고 축복만 하시는 하나님을 이해할 수 없었으며, 꽤 친밀한 사이었음에도 내 마음에서는 그녀를 밀어내 버렸다. 그런 나날이 계속되자 그녀는 아무렇지 않아 보이는데, 나 혼자 그녀를 보는 것이 불편해져서 아무래도 교회를 옮기는 것이 최상일 것 같았다.

이렇게 혼자 마음 고생할 바에야, 차라리 그녀가 없는 곳에 가서 더욱 신실하게 신앙생활을 하는 것이 지혜라는 생각을 하며 기도를 했던 것이었다. 그런데 문제는 도무지 기도가 되지를 않았다. 기도를 할라치면, 그녀를 향한 불쾌한 감정이 머리에서 떠나지 않아 기도가 막히는 것이었다.

하나님과의 교제가 단절되자 너무 답답해 우리 사이를 막고있는 담을 헐어버리고 싶었다. 그래서 기도했다.

'주님! 왜 용서가 안 될까요? 나는 왜 이렇게 속아지가 좁을까요? 수용도 용납도 이해도 못하는 좁은 속아지 때문에 평안이 내게서 달아나 버렸습니다. 주님! 이 좁은 속아지를 찢어서라도 넓혀 주시옵소서! 오직 내안에는 미움과 분을 내는 속아지만 남아 있어 하나님과의 사이에 담이 생기고 말았습니다. 내 속에 정한 마음을 창조하시고 내안에 정직한 영을 새롭게 해 주시옵소서.'

나는 시편 51편 10절 말씀으로 기도를 마쳤지만 그래도 내 마음은 여전히 고통하는 채 6개월을 보내고 있던 내게 그 "일방적인 화해"라는 말씀을 듣게 하신 것이었다.

말씀이 마음에 강한 도전을 주었기에, 순종하고 행하려고 했는데 내 이성과 자존심은 그것을 받아들이기를 기뻐하지 않았다. 손해를 입은 것은 나이고, 손해를 끼치고 마음을 상하게 한 것은 모두 그녀인데, 그 일을 기억하지도 못하고 마음에 괴로움도 불편함도 없는 것 같은 그녀에게 먼저 다가가, 화해하자고 손을 내민다면 그녀만 이득이 아닌가 싶었다.

순간 너무 억울했다.

'내가 왜 그래야 하나? 아니 그러기에 앞서 상대방은 생각도 않는 일에 대해 화해하자고 하면 그녀는 나를 얼마나 우습게보겠나' 싶었다. 그렇지 않아도 그녀의 태도 때문에 이미 자존심이 상할 만큼 상해 있는데, 내가 이것을 꼭 해야겠나 싶었다. 하지만 다시 마음을 돌이켰다. 그녀만 수지맞는 것이 억울하지만 내 마음에 평안이 없는 것은 더 힘들었다.

그래서 편법을 생각해냈다.

'꼭 그녀를 찾아가 말을 해야 하나? 어차피 그녀는 알지도 못하는데. 나 혼자서 그녀를 향해 화해를 하자! 어차피 일방적인 화해가 아닌가! 그래! 그럴 수도 있지 이해하고, 용서하자. 아니 어쩌면 내 오해였는지도 모른다. 다 잊자. 소심한 내 성격이 문제지, 그녀가 무슨 잘못이겠나!'

그 순간 평안이 찾아오는 것 같았다.

그런데 1분도 채 지나지 않아 꼭 대상을 만나서 손을 내밀어야 한다는 그 분의 설교가 떠올랐다. 그 후에는 상상할 수 없는 하나님의 은혜를 경험할 것이라고 덧붙인 말씀도 역시 떠올랐다. 머리로는 계속 신선한 충격이 되어 고개를 끄덕였지만 도무지 가슴으로는 내려오지 않았다. 아무리 주님이 좋은 처방전을 주시면 뭘 하나, 내 편협한 마음은 그것을 수용할 수 없는 것을. 이제는 그녀와의 갈등이 아닌 나를 향한 실망으로 인해 괴로웠다. 다시 몇 날 며칠을 기도하며 엎드릴 때, 성령께서 내 죄성을 일깨워 주셨다. 깨닫고 행하지 않는 것은 더 큰 죄를 범하는 것이라고 한 것이다. 더 이상 지체할 수가 없었다.

그녀를 찾아갔다.

"그동안 소원하게 대했던 내 좁은 속아지를 용서해 줘요."

그녀는 어두워진 내 마음을 충분히 덮어 줄만큼의 환한 웃음을 지으며, 내 손을 잡아주었고, 우리는 서로를 향해 기쁜 화해를 할 수 있었다. 그리고 우리는 그날 참 많은 이야기를 나누었다. 그녀가 하는 말들이 이제 더 이상 불편하지 않았고, 편안하게 받아들여졌으며, 동감도 할 수 있었다. 아무 거리낌이 없던 예전으로 돌아간 것이었다.

그 목사님의 말씀은 틀리지 않았다.

나는 이미 상상할 수 없는 은혜를 경험하고 있었다. 짓누르고 있는 불쾌한 감정이 떠나감으로 자유함에서 오는 기쁨이 차오르기 시작했고, 은밀한 중에 보시는 주님께서 "잘하였도다"라고 칭

찬하시는 것만 같았다. 하나님과의 막힌 담도 허물어졌다는 확신이 들었다. 심령이 상하여 부대끼며 씨름했던 기도의 시간들은 영적 성장통의 기간이었으며 좁은 속아지가 찢어져야 하는 고통을 통과함으로 속사람이 폭풍 성장하는 결과로 이어졌다.

일방적인 화해라는 유쾌한 경험을 통해 영적 원리를 깨닫게 된 나에게는 앞으로 이와 비슷한 시험에는 더 이상 넘어지지 않고 승리할 수 있겠다는 자신감이 생겼다. 결국 이 일방적인 화해로 인해 수지를 맞은 것은 그녀가 아니라 바로 나였다.

다음날 아침 출근 길 차안에서 요한일서 4장 말씀으로 만든 찬양을 크게 틀어놓고 부흥회를 시작했다.

"사랑하는 자들아 우리가 서로 사랑하자

사랑은 하나님께 속한 것이니 사랑하는 자마다

하나님께로 나서 하나님을 알고

사랑하지 아니하는 자는 하나님을 알지 못하나니

이는 하나님은 사랑이심이라"

하염없이 따라 부르다가 '그래! 이 말씀대로 살기를 작정하자' 하고 다짐하는 나의 심령은 벌써부터 넓디넓은 속아지가 되어 이 세상 모두를 사랑할 수 있을 것 같았다.

선 줄로 생각하는 자는 넘어질까 조심하라(고전 10:12)

 서 있다고 생각하는 자가 넘어지면 정말 크게 다치는 수가 있다. 넘어지는 일에 익숙지 않을 뿐 아니라, 서 있다고 생각하고 넘어질 것을 생각하지 않아 무방비 상태로 있어 자신을 전혀 보호할 것이 없기 때문이다.

신앙에서도 이것은 동일한 것 같다. 사탄이 쳐놓은 덫을 저번에는 잘 피했다고 기뻐했는데, 이번에는 믿음에 서 있다고 생각하면서, 나와 무관하여 상관하지 말아야 하는 일에 마음을 빼앗기는 바람에 밀려오는 상실감을 감당치 못해서 교회를 떠나버리고야 말았다.

저번 시험은 나와 관계가 맺어진 것들을 통한 시험이었지만, 이번에는 전혀 예상하지 못했던 것이다. 얼마 지나지 않아 부족한 영적 안목의 한계에서 오는 나의 자만심 때문에 내쳐진 것을 깨닫게 되었다. 신앙생활의 연륜이 덕의 근본인 겸손과 신앙인의 인격으로 쌓여가기보다는 슬며시 비판과 판단이 내 안에서 자리를 잡아 넘어지고 만 것이다.

시작은 교회 소모임인 구역 모임이었다.

그날 모인 곳은 우리 집이었기 때문에, 나는 예배 후 사람들에게 대접할 식사를 준비하느냐 정신없이 움직이고 있었고, 모임 시간보다 먼저 온 몇몇 사람들은 아직 오지 않는 사람들을 기다리며 이런저런 이야기를 하고 있었다. 준비를 하는 와중에도 사람들이 나누는 이야기에 귀를 기울이며 신경을 쓰고 있는데, 그들은 처음으로 구역장 직분을 맡은 집사님 이야기를 하고 있었다. 내용은 그분이 지도자의 역할을 감당하기에는 인성이나 영성 면에서 부족한 점이 많아, 자격 미달이라 염려스럽다는 것이었다. 나는 분주한 탓에 그들 사이에 끼어 말을 하지는 않았으나, 내심 그들의 말이 맞다고 수긍을 하고 있었다.

잠시 후 기다리던 구역 식구들이 모두 모였고, 함께 예배를 드리며 한 주간의 삶을 나누는데 그들이 너무나 은혜로운 간증만 하는 바람에 갑자기 화가 치밀었다. 내 의가 고개를 치밀어 든 것이다.

'아니 조금 전까지 구역장님을 그렇게 헐뜯을 때는 언제고, 지금은 세상에서 제일 은혜로운 사람들처럼 저럴 수가 있어? 민망하지도 않나?'

모임이 끝나 사람들이 모두 떠나기가 무섭게 내 입에서는 그들과 목사님에 대한 비판이 쏟아져 나왔다.

'아니 어쩌면 그 자리에 있지도 않은 사람 하나를 그렇게 헐뜯을 수 있어? 아니 그리고 그런 자격없는 사람을 구역장이라고 세워놓은 목사님은 도대체 무슨 생각으로 그러신 거야?'

내게는 그날 우리가 어떤 말씀을 배우고 삶을 나누었는지 안중에도 없었다. 다만, 구역장님을 비판한 그들과 목사님에 대한 비판으로 혼자 화가 치밀어 어찌할 바를 모르고 있었다.

'진짜 목사님도 참! 구역장에게 맡겨진 영혼을 실족시킬 참인가? 그건 그렇고, 구역 식구들도 그래. 그렇게 비판을 하는 게 맞아? 어차피 결정된 거 순종할 것은 하고, 부족한 것은 사랑으로 감싸주면서, 서로 세워주고 협력할 생각은 안하고 어쩜 그래? 이렇게 아무 일 없는 것처럼 모임이 끝나면 안 되고, 구역장님을 비판한 것에 대해서 회개하고 중보기도를 했어야지. 신앙이 있다는 사람들이 이게 뭐야!'

구역모임을 사랑한 크기만큼 상실감도 컸고, 며칠간 혼자 가슴 앓이를 하다가 주일을 맞았다.

목사님과 구역 식구들을 만나서 반갑게 웃는 모습을 대하는데, 너무 낯설었다. 생전 처음 본 교회에 와서 혼자 썰렁하게 있는 것만 같았다. 사실 나 또한 그들의 말에 동의했으면서도, 그들과 함께 앉아서 말을 하지 않았다는 이유로 내가 하는 비판은 의분이라 여기는 어리석음이 문제였다.

비판은 곧 판단을 불러왔다. 이곳은 더 이상 은혜가 없는 곳이라는 판단을 내렸다. 이런 은혜가 없는 이곳을 떠나는데 미련도 아쉬움도 없다는 판단이 섰지만 그렇다고 즉각 교회를 떠날 수는 없었다. 그 당시 나는 외적인 것을 중요하게 생각하는 사람이었다. 떠날 때 떠나더라도 덕이 있는 모양새로 떠나야했고, 그에 합당한 사유를 반드시 만들어야 했다. 그래서 고심했다.

머리를 쥐어 짜내며 떠날 변명을 만드는 그 때에 단 한번이라도 그 분을 구역장으로 세우신 목사님의 깊은 뜻을 헤아려 보았어야 했다. 또한 그들이 아니라 나를 살펴서, 믿음의 식구들이 진심으로 염려해서 나누는 이야기를 비판으로 오해한 것은 아니었을까 돌아봤어야만 했다. 혹시라도 그들이 했던 것이 염려가 아니라 흔한 말로 뒷담화라고 비판을 겸한 흉을 지적하는 것이었다면, 그들도 믿음의 사람들이니 회개했을 수도 있다는 생각도 했어야만 했다. 아니 이 모든 것이 내가 비판했던 그 내용에 정확하게 일치한다고 하더라도, 중보기도를 왜 안하느냐고 화를 낼 것이 아니라, 내가 그들의 중보자가 되었으면 아무 문제도 없는 것이었다.

하지만 나는 그러지 못했다. 했어야만 하는 것 중에 단 한 가지라도 했다면 좋았을 것을 나는 단 한 가지도 하지 못했다. 그래서 결국 넘어졌다.

넘어지는데 있어, 섣부른 판단은 비판보다 훨씬 치명적이었다.

비판은 누군가와 함께 할 수 있지만, 판단은 오직 혼자만의 몫이기 때문이다. 아무도 끼어들지 못하게 하고, 혼자서만 깊은 고심을 하고 있기에 아무도 내 어리석음을 일깨워주지 못했다. 아니 성령님은 일깨워주고 계셨겠지만 나는 내 의라는 귀마개를 쓰고는 성령님의 음성을 무시해버렸다. 그렇게 혼자 고심의 시간을 보내다가 꽤 훌륭한 변명거리를 생각해냈고, 나는 원했던 그 덕이 있는 모양새로 교회를 떠날 수 있었다.

결국 사탄이 쳐놓은 판단이라는 덫에 걸려, 그 덫에서 빠져나올 기회도 외면해 버린 채, 그 결박에 걸려 꼼짝달싹 못하는 신세가 되어버려 주님께 받은 은혜를 봉사와 헌신으로 갚겠다고 했던 그곳을 온전한 섬김을 다하지 못한 채 떠나게 되고 만 것이다.

"교만은 패망의 선봉이요 거만한 마음은 넘어짐의 앞잡이니라" 잠언 16:18.

떠난 모양새는 훌륭했지만 나는 갈 곳이 없었다.

정착할 교회를 찾지 못했고, 이곳저곳을 보기만 하다가 2년이라는 시간이 흘렀다. 예배와 기도는 믿는 자의 호흡과 같아 끊어지면 안 되는 것이지만 그것만으로는 충분하지 않았다. 교회를 통한 여러 훈련, 봉사, 성도간의 교제 등이 우리의 삶을 풍성하게 해주는데, 교회에 적을 두지 않으면 이런 것을 공급받지 못해 기갈에 처하게 된다. 물론 실망할 모습을 덜 볼 수 있기 때문에 편하고 시험에 넘어지는 일도 적을 수 있지만, 정작 시험에 들었을 때 붙잡아 줄 동역자나 시험을 인지할 안목이 둔해지는 것은 난감한 일이었다.

그래서 이제는 더 이상 이렇게 방황할 수 없다는 판단에 여섯 번째 옮긴 교회에서 정착하기로 했다.

이미 한 번의 시험은 승리했고, 두 번째의 시험은 실패로 인해 교훈을 얻었으니 이곳은 뿌리를 내릴 수 있다고 확신했다.

하지만 사탄은 내 약점을 이미 간파해버렸다. 내가 어디에서 넘어지는 줄 알게 된 사탄은 다시 동일한 덫을 놓았고, 한 번 승리하지 못한 나는 이번에도 역시 동일한 실패에 이르렀다. 이미 실패했으니 다시는 걸려들지 않으리라 했지만, 사탄은 교묘했다. 동일하지만, 더욱 교묘하고 견고해진 모습으로 내게 다가와 나는 도저히 알아차릴 수가 없었다.

오히려 더욱 견고해진 판단으로 주님께서도 합당하다 여기실 거라 자신하며 다시금 교회를 떠나는 어리석은 결정을 내리고야 말았다. 그도 그럴 것이 이번에는 정말 모든 면에서 내 욕심이 아니었고, 남을 향한 날카로운 비판도 아니었으며, 주님을 위해 더 헌신하기 위한 것이었다. 그래서 다시금 하나님께 내 상황을 자세히 아뢰고, 교회를 옮기겠다고 기도했다.

하나님은 내 판단에 대해서는 아무런 말씀이 없으신 채 새로운 곳에서는 온전한 헌신을 몸소 실천하라는 말씀만을 주셨다. 이번에야 말로 주님의 기대에 꼭 부응하겠다고 마음에 다짐을 했다. 주님과의 약속이 아니더라도, 인간적인 마음에서라도 이번 교회에서는 꼭 온전한 헌신을 다하겠다고 결심할 수밖에 없는 나였다.

"드릴 부탁이 있어요."

지인과의 부부동반 저녁식사자리였다. 우리가 겪는 경제적 곤란을 아시고는, 자신들이 운영하는 두 개의 가게 중 하나를 우리 부부에게 맡겨 운영하도록 해주셨다. 너무 감사해서 어떻게든 보답을 하고 싶다는 마음을 가지고 있었는데, 저녁식사를 함께 하자고 하시더니 나에게 이 말을 꺼내는 것이었다.

의아했다. 부탁이라니, 내가 해드릴 수 있는 것이라면 무엇이라도 해드리고 싶지만 나보다 많은 것을 가지신 저 분들이 내게 부탁할 것이 무얼까 싶었다. 그래도 내 마음은 그것이 무엇이든 힘이 들더라도 해드리고 싶다는 마음이 들어 가만히 듣고 있었는데 그분은 다시금 말을 이어가셨다.

"저희가 섬기는 교회가 있는데, 일꾼이 부족해서 어려움이 많아요. 집사님이 오셔서 헌신해주시면 안될까요?"

그리고는 자신이 다니는 교회는 교인이 많지 않은 작은 교회로 가족 같은 분위기라는 말도 덧붙였다. 작고 어려운 교회라 헌신해줄 사람이 필요하다는 데 한 순간이라도 망설일 이유가 없었다. 당연히 내 대답은 yes였다. 게다가 남편의 반응 또한 놀라웠다. 내가 매일 교회에 가는 것에 불만이 많았는데, 이번에는 달랐다.

"앞으로 당신이 나와 함께 주일예배만 본다면 절대로 주일을 어기지 않을 것을 약속할게! 우리 옮겨봅시다."

아마 하나님 때문이라기보다는 그들이 우리에게 베풀어준 은혜가 너무 고마워서였을 것이다. 그들이 우리에게 고마운 사람들인 것은 분명하지만, 아직 하나님의 은혜를 몰랐을 때였으니 말이다.

"좋아요. 외롭고 힘든 이민생활에 서로 의지하고 열악한 교회를 돕겠다는데 마다할 이유가 있나요."

밤이 늦도록 우리가 하는 모든 말들은 오직 주님 때문이며, 그분도 당연히 그것을 아실 것이라 여겼고, 남편이 이런 말을 하는 것은 하나님의 때가 되었기 때문이라고 나는 생각했다. 교회를 옮기기에 이보다 더 합당한 이유를 찾을 수가 있단 말인가! 그렇게 지인의 인도로 우리는 그 교회를 가게 되었고, 나는 정말 최선을 다해 교회를 섬기고 그곳에 내 평생 정착할 결심이었다.

그렇게 해서 일곱 번째 교회인 이 교회에 온지 3개월이 지나서도 나는 아무런 봉사도 하지 않은 채 남편과 주일예배만 드리고 있었다. 남편과의 갈등을 피할 수 있는 방법이었기 때문이었다. 하지만 마음은 아무래도 괴로웠다. 그분들이 분명히 일꾼이 없으니 도와달라고 했고, 나 역시 눈이 있어 매주 봉사할 사람 없어 야단임을 뻔히 알면서도 남편의 거부반응이 두려워 매번 외면해야 하는 것이 너무 힘들었다. 더구나 이번 교회를 놓고 기도하며 주님께 온전한 헌신을 약속하지 않았던가. 영적 부담은 날로 커져만 갔고, 매주 교회를 손님으로 방문하는 것 같아 애정도 생겨나지 않았다.

다시금 2개월이 흘렀다. 우리 부부를 조심스럽게 지켜보며, 헌신을 기다리던 그 지인 부부가 봉사를 권면하여, 나는 그날 당장 성가대와 다른 부서의 봉사에 동참했다. 남편은 당장 싫은 내색을 표하지는 않았지만 자신의 말 "앞으로 당신이 나와 함께 주일예배만 본다면 절대로 주일을 어기지 않을 것을 약속할게!"를 조용히 실천하고 있었다.

주일예배만 드린다면 주일을 지키겠지만, 주일 예배가 아닌 다른 것도 한다면 주일을 어기겠다는 남편의 의지의 표현이 아니던가. 내가 주일예배만 드리던 기간에는 남편도 나와 함께 주일예배를 빠지지 않고 드렸지만, 내가 봉사를 하게 되자 남편은 주일을 어기기 시작했고 날이 갈수록 그 횟수가 잦아져만 갔다.

그것을 보는 내 마음에는 작은 풍파의 소용돌이가 생겨났지만, 남편에게 이것을 가지고 잔소리 했다가는 그 소용돌이가 엄청나게 커져서 나와 남편을 삼킬 것 같다는 불안감에 모르는 척 참고 기다렸다.

복잡한 심경으로 1년을 다시 지냈다. 시간이 지나면 괜찮아질 것이라고 애써 나를 다독이며 속였다. 하지만 일단 풍파의 소용돌이가 생겨나면, 점점 파장이 넓어져갈 뿐, 아무 일 없었던 듯 사라지는 것은 쉽지 않은 일이다. 소용돌이를 강하게 만들어 줄 새로운 바람이 등장했다.

남편이 교회를 가게 된 것에는 그 지인 부부에 대한 고마움이 작용했음이 분명했다.

그런데 남편이 새로운 사업을 앞서 말했던 에너지 드링크 사업을 시작하면서 그 가게를 그만두게 되었고, 그 후에는 사업상의 이유라고 하면서 주일을 매번 어겼다. 아니 남편의 마음에는 주일을 지켜야 한다는 부담감 자체가 전혀 없었고, 매주 사업상의 이유라며 밖으로 나돌았다.

나는 그런 남편을 보며 너무 실망했고, 주일예배를 드리고 봉사하는 것이 하나님 때문이 아니고 마치 그 지인 부부 때문인 것 같다는 생각에 기쁨이 사라지기 시작했다. 마치 하나님 앞에서 자유를 누리며 그분에게로 나아가는 것이 아니라, 하나님 외적인 요소인 교회 사정이나 지인에 대한 신의 때문에 억지로 끌려가는 듯 그곳에 가고 있다는 생각으로 마음이 복잡해졌다. 더불어 이전교회 즉 여섯 번째 교회를 떠나기로 한 내 판단이 잘못되었다는 생각이 들고, 이 교회에 온 것이 후회되기 시작했다. 후회가 깊어져 그간 복잡했던 그 마음이 후회 때문이라는 판단이 서자 갈등도 끝났다. 후회가 들면 그것을 회복할 길은 하나 아니던가! 다시금 이곳을 하루 속히 떠나는 것이었다.

그래서 다시 기도했다.

'주님! 제 심령이 기쁘지 않고 충만하지 못합니다. 열약한 이곳 환경이 싫습니다. 교제할 친구 한 사람 없이 외롭습니다. 교회를 사랑하는 마음도 생기지 않습니다. 봉사에 기쁨이 없고, 말씀에 은혜가 없습니다. 목사님의 가르침은 저에게 아무런 영향을 주지 못하고, 주일 예배에 성전이 어찌 그리 썰렁하고 차가운지 심령이 얼어붙는 것 같습니다. 이곳은 도대체가 뜨거움이 없어 성령의 운행하심을 느낄 수 없습니다. 제 영혼이 목마름의 갈증으로 죽을 것 같습니다. 더 이상 여기에 있고 싶지 않습니다.'

목사님을 교묘히 비판하면서 주님께 내 힘든 사정을 고하던 나는 이 상황에서 그저 벗어나고 싶은 마음 뿐이었다. 이번에는 다시 어떤 명분을 만들어 은혜롭게 교회를 떠나갈까 하는 고민을 시작하려는 데, 처음 이곳에 올 때가 기억났다.

처음 이곳으로 옮기려했던 것은 정말 모든 면에서 너무나도 합당한 이유 때문이었는데, 지금 이곳에 있는 것에 후회가 되어 당장 떠나버리면, 그 후 이 떠남의 결정을 후회하게 되면 어떻게 하나 두려워졌다. 그럴 수는 없었다. 아직은 그 또 다른 후회를 막을 기회가 내게 있었다. 그래서 마음은 진심으로 이곳을 떠나고 싶지만, 뿌리를 내리지 못하고 떠돌아다니는 영적방랑자 생활을 이제는 더 이상 하고 싶지 않다는 마음으로 작정기도를 시작했다. 내가 이 어리석은 행동을 그칠 수 있도록 하나님이 인도해주시기를 기도하기 시작했다. 연약한 나로서는 부족하고 도저히 할 수 없는 일이기에 온전히 그 분께만 맡을 의뢰했다.

그 기도를 하며 다시금 또 다른 1년을 보냈다.

내 마음은 그대로였으나, 다른 교회를 향해 단 한 발자국도 옮기지 못하고 있었다. 언제나 성령께서 주시는 감동은 "떠나라"가 아닌 "그대로 머물러 있으라"는 것이었기 때문이다.

그렇게 다시 몇 달이 흐르고 있는데, 나를 교회로 인도했던 그 지인 부부가 교회를 떠났다. 그들은 교회를 떠나는 이유를 말하지 않았다. 나 역시 묻지 않았고, 그저 짐작할 뿐이었다.

내 마음 역시 갈등을 겪고 있기에 그들을 향해 어떤 권면의 말도 해줄 수 없었다.

그로부터 얼마 후 남편의 뒤를 이어 나 역시 그 지인의 가게를 그만두었다. 그리고는 혼자서 그간의 시간들을 돌이켜보았다. 분명 좋은 동기로 시작했던 이곳이었는데 왜 이런 결과를 가져오게 된 것일까? 한참의 시간 뒤에 그 원인을 깨달을 수 있었다.

그 지인부부가 우리 부부에게 호의적인 관심과 좋은 감정으로 도움의 손을 내밀었으며, 교회에 대해 헌신하기를 제안한 것 역시 선하고 좋은 동기였다. 그들은 주님만을 사랑했고, 그 사랑을 실천하려는 좋은 의도였음은 의심의 여지가 없었다. 아무리 생각해 보아도 고맙고 선한 일이었다. 남편의 동기 역시 연약한 믿음의 기준으로써는 분명 선한 것이었다.

다만 나의 동기가 선하지 않았다. 육의 눈으로 보이는 현실은 하나님을 가렸고, 나는 하나님이 아닌 사람에게 좋게 하려는 마음이 더 앞선 것이었다. 육적으로는 옳게 보이는 착각을 일으킬 수 있지만, 하나님 앞에서는 결코 순전하지 못했다. 그들의 권면을 받아들일 때 이미 인간적인 방법을 택했으며, 주님께서도 내 결정을 합당하게 여기실 거라고 내 마음대로 판단해 버렸다.

이 교회로 옮기기 전에 나는 여섯 번째 그 교회에서 내 신앙의 뿌리를 내리고 뼈를 묻겠다고 결단했고 하나님 앞에 그렇게 약속했었다. 하지만 사람을 의지한 바로 그 순간 일말의 주저함도 없이 그 결단과 약속을 헌신짝 버리듯 버린 것이다. 아무리 선하고 옳은 동기로 보일지라도, 주님께 의뢰하지 않고 인간적으로 판단하고 결정한 것은 변질될 수 있었다. 아니 사실 내 눈에 선하고 옳은 동기로 보일 뿐이지 어쩌면 착각인지도 나를 속이는 일인지도 몰랐다. 정말 선하고 옳은 일인지 판단할 수 있는 것은 사람의 중심을 보시는 하나님만이 하실 수 있는 것이다. 이 모든 것이 얼마나 절절하게 깨달아지는지 내게는 진리와도 같다고 생각되었다.

내 어리석은 판단은 오랫동안 좋은 관계를 유지해온 진실한 사람을 잃어버리는 것으로 끝을 맺는 정말 너무나 값비싼 대가를 치루었다. 하지만 그렇게 비싼 대가를 치룬 덕에 비판과 판단이 내 삶에 얼마나 큰 해악을 끼치는지 깨달아 그 매임에서 놓일 수가 있었다.

"너희에게나 다른 사람에게나 판단 받는 것이 내게는 매우 작은 일이라 나도 나를 판단하지 아니하노니 내가 자책할 아무것도 깨닫지 못하나 이로 말미암아 의롭다 함을 얻지 못하노라. 다만 나를 심판하실 이는 주시니라. 그러므로 때가 이르기 전 곧 주께서 오시기까지 아무것도 판단하지 말라 그가 어둠에 감추인 것들을 드러내고 마음의 뜻을 나타내시리니 그때에 각 사람에게 하나님으로부터 칭찬이 있으리라" 고린도전서 4:3~5.

지금 이 자리에서 온전히 헌신하라

그들이 떠나가도 나는 여전히 남아있었다.
교회를 향한 내 마음은 여전히 뜨겁지 못했지만, 값비싼 교훈을 얻은 만큼 이번만은 이 덫에 걸리지 말고 반드시 승리하리라 다짐했다. 성령께서 이곳에 그대로 머물러 있으라고 하시는데, 또 내 나름의 합당한 이유를 찾아 떠난다면 그간의 깨달음도 아무 소용이 없는 일이니 말이다. 순종하는 마음으로 그저 가만히 있는 그 때에 하나님은 합력하여 선을 이루시는 작업을 하셨다. 나는 모든 것에 부족하고 연약했지만 교회 사정상 어쩔 수 없이 더 많은 일을 맡게 되었다.

그 교회에서 두 해를 보내고 맞는 무더운 여름날 주일이었다.

예배가 끝나고 목사님과 함께 있는 자리에 목사님의 어머니이신 권사님께서 다급하게 뛰어 오셨다.

"목사님! 부목사님이 갑자기 허리를 삐끗해 꼼짝 못해 청년들이 본당 예배실로 모시고 가서 지금 누워계신대요. 의사를 불렀는데 시간이 지체된다고 합니다. 빨리 가셔서 기도해 주세요."

권사님의 말씀이 채 끝나기도 전, 목사님은 본당을 향해 바쁘게 걸어가시고 나는 멍하니 그런 목사님의 뒷모습을 보고 있다가 가방을 챙기며 엉거주춤 일어났다. 허리를 다치신 부목사님이 염려되지 않은 것은 아니지만, 그건 목사님께서 가셨으니 기도하실 테고, 나는 얼른 집에 돌아가 밀려 있는 집안일을 해야겠다 싶어서였다. 그때 나를 향한 성령의 음성이 들렸다.

"너도 본당에 가서 함께 기도하라."

가방을 들고 어떻게 해야 하나 망설이고 있는데 똑같은 음성이 다시 들렸다.

"너도 본당에 가서 함께 기도하라."

두 번째 음성을 듣고 나서는 반사적으로 가방을 덥석 안아들고는 목사님의 뒤를 따라갔다. 본당에 가보니 부목사님은 양손으로 허리를 잡으신 채, 가까스로 일어나 앉아계셨으며, 목사님과 교회 식구들이 부목사님을 둘러 앉아 찬양을 부르고 있었다.

　나 혼자만 늦게 온 것 같아 그들 틈에 조심스럽게 앉아 기도를 하는데 잠시 후 내 의지와 상관없이 큰 소리로 방언기도가 나오는 것이었다. 교회에는 방언을 하는 성도가 없었고, 그 자리가 그럴 자리도 아니었기에 절제하려했지만 그럴 수가 없었다. 아니 절제는커녕 점점 더 크게 부르짖더니 어느 순간 울부짖는 수준이 되었고, 이젠 주위의 시선도 의식할 여유가 없었다. 내 입에서는 정신없이 회개 기도가 쏟아져 나오고 있었다.

　'주여! 용서하여 주시옵소서. 이 교회는 사랑이 없다, 은혜가 없다, 교제할 사람이 없다, 여기는 돌덩이보다 차갑고 차갑다 못해 추워서 심령이 얼어붙는 것 같다 하고, 도대체 뜨겁지 않아 성령의 역사가 없다고 했습니다. 사랑도 없고, 은혜도 없다며 이곳을 하루속히 떠나고 싶다고만 했습니다. 주여! 용서하시옵소서. 단 한 번도 이 교회를 사랑해보려고 하지 않았습니다. 단 한 번도 열악한 교회를 위하여 부흥과 회복을 위한 중보기도를 한 적이 없습니다. 맡은 자에게 구할 것은 충성이라고(고린도전서 4:2)말씀하셨지만 단 한 번도 맡겨진 일에 충성하지 않았으며 오직 제가 한 일은 불평뿐이었습니다. 주님 용서하시옵소서!'

　그렇게 눈물로 범벅이 되어 터져 나온 회개는 의사 선생님이 오셨다는 소리를 듣고야 그치게 되었다.

그 모임의 자리를 끝내고 집으로 돌아가는 길 내내 알 수 없는 생각에 마음이 혼란스러웠다. 일단은 내 의지와 상관없이 사람들 앞에서 한 회개기도로 인해 심령이 편하지 않았고, 사람의 눈과는 상관없이 일단 회개를 했으면 마음이 평안해야 하는데 내 마음은 너무 불편했다. 그래서 집에 도착하자마자 다시 기도를 시작했다.

'주님! 마음이 무거운 것에 눌리고 있는 것 같습니다. 불편한 이유가 무엇 때문일까요? 알기를 원합니다. 내게 평강을 주시옵소서!'

그렇게 기도하고 세 시간을 기다렸지만 마음에는 아무런 감동도 없었다. 심령이 답답하여 가슴이 터질 것 같았고, 머리까지 지끈거리고, 속이 메스꺼워 더 이상 기도할 수도 없을 것 같았다.

오늘은 아무래도 답을 주지 않으시려나보다 싶어 일어서려는데, 이 상태로 밀린 가사 일은 물론 그 어떤 일도 할 수 없을 것이라는 생각이 들었다. 얼마나 시간이 흐르든 성령께서 감동을 주실 때까지 기다려보자 하고 다시 자리에 앉아버렸다.

오래 기다리지 않아 성령님의 음성이 들렸다.

"너는 지난 날에 네 여생을 주를 위해 증거하고 간증하는 삶을 살겠다고 서원했던 것을 기억하고 있느냐?"

"네! 그렇습니다."

그러자 그분은 내게 조용히 답하셨다.

"그 서원을 지금 섬기는 곳에서 온전한 헌신으로 갚으라."

계속해서 온전한 헌신만을 강조하시는 그분의 뜻이 마음 깊이 깨달아졌다. 그리고 심령에도 평강이 찾아들었으며, 아울러 왜 그토록 평안을 잃고 있었는지도 역시 알게 되었다. 원인은 사탄의 역사였다. 사탄은 나를 미혹하고 있었다.

"너는 이곳을 싫어하잖아! 떠나고 싶어 하잖아! 성령 충만하고 은혜가 넘치는 교회가 밖에 얼마든지 있는데 이곳에 있을 필요가 있나? 하나님이 회개시켜준 심령으로 다른 곳에서 충성하고 헌신한다고 그것이 잘못된 것은 아니잖아! 다 똑같은 하나님의 교회인데 뭐가 다르지? 그리고 무엇보다 여기는 영적인 사람도 없고, 너한테 맞지도 않아!"

내 약함을 알고 있는 사탄은 끊임없이 떠들어서 내 머리가 지끈거리도록 흔들고 있었던 것이다. 즉 내가 이성적인 판단으로 하는 것 같은 불평들이 사실은 사탄이 내게 끝없이 말하고 있고, 나는 그것을 받아들여 마음에 새기고 있는 것이었다. 사탄은 교묘했다. 도저히 내가 사탄의 계략을 알아차릴 수 없도록 아름답고 합당하게 포장을 해서 내 마음을 도둑질하고 있었다. 내가 이길 수 있는 싸움이 아니었다. 다만 성령님을 의지할 때, 사탄은 패한 싸움임을 깨닫고 도망가 버렸고 나는 드디어 그곳에 남기를 바라는 하나님의 마음을 헤아릴 수 있게 되었던 것이다.

하지만 그 온전한 헌신도 내 힘으로 할 수 있는 일은 아니었다. 주님의 인도하심이 있어야만 했고, 나는 그것을 기도로 구하고 있었다.

그런데 중국 선교사로 떠났던 딸이 전화를 해서 기도를 부탁하던 것이 기억났다. 딸이 전화했던 그 날부터 40일 후, 3박 4일 일정으로 산에서 집회를 열 예정이라고 알려주었다. 그 집회에 와야 하는 사람들이 단 한명도 빠지지 않고 올 수 있기를 그리고 집회가 공안 당국에 들키지 않고 무사히 치를 수 있기를 기도해달라고 요청했었다. 아울러 가능하면 생각날 때마다 하는 그런 기도가 아니라 시간을 정해 집중적으로 중보기도를 해주었으면 좋겠고, 사탄의 방해가 클 수 있으니 금식도 병행해주면 더 좋겠다고 부탁했었다. 나와 딸에게 큰 영적 싸움이 기다리고 있었다. 그래서 딸의 말대로 새벽 기도를 작정하고 기도 리스트를 적었다.

〈〈40일 작정 새벽기도 제목〉〉
1. 목사님의 지경이 넓어지고, 교회가 부흥되고, 모든 사역과 관계가 회복되게 해주세요.
2. 중국 집회에 참석해야 하는 단 한 사람도 빠지지 않고, 집회가 안전하게 잘 마칠 수 있도록 해주세요.
3. 전교인이 성령세례 받을 수 있으면 좋겠어요.
4. 남편의 영혼을 구원해주세요.

작정을 한 다음날부터 새벽기도를 시작하기로 했다.
첫날에, 주님을 간증하고 증거하는 삶을 살겠다고 다시금 서원하면서도, 조금만 힘들면 도망갈 핑계만을 찾는 나를 보며 하나님은 얼마나 마음이 아프실까 싶고, 이런 믿을 수 없는 나를 주님께서 친히 붙들고 계신다는 생각에 가슴이 먹먹해졌다. 잠시 회개의 시간을 갖고, 중보하려고 했던 기도를 차례차례 올려드렸다. 그렇게 6일이 지났다.

7일째 되는 날, 기도 중에 한 집사님의 얼굴이 떠올랐다. 한 달 전에, 둘째 아이를 출산한 구역 식구였는데, 주님을 간절히 만나고 싶은 갈급함이 있었던 분이었다. 주님께서 생각나게 하셨나보다 생각하고 그 집사님을 중보하였고, 주일이 되어 그녀를 만나자 말을 걸었다.

"집사님, 저랑 같이 새벽기도에 가지 않으실래요?"

그 집사님에게는 갓난아기가 있어, 새벽예배는 어려울 것이라 생각하긴 했지만 40일만 하는 작정기도이니 한번 생각해보라며 "이번 작정기간에 집사님의 갈급한 심령에 주님께서 찾아와 주실 것을 간구해 보세요"라고 말을 끝맺었다. 그 집사님은 잠깐 망설이다가 해보겠다고 하고는 정말 새벽예배를 나오기 시작했다.

우리가 함께 새벽예배를 드리는 2주가 지났다.

그 다음날도 여느 날과 같이 같은 장소에서 그녀를 기다리고 있는데, 시간이 꽤 흘러도 그녀가 나오지를 않았다. 기다리며 걱정이 되었다.

'아픈 걸까? 아니면 아직 자고 있는 걸까?'

걱정되는 마음에, 이른 새벽녘 무례를 무릅쓰고 전화를 했다.

속삭이는 듯한 목소리를 그녀가 전화를 받았다.

"아기가 잠이 깨서 젖을 먹이고 있어요. 곧 나갈게요. 잠시만 기다려주세요."

별일 없음에 안심하며 가슴을 쓸어내리고 있는 내 눈에 저기서 뛰어오는 그녀의 모습이 보였다. 보는 순간 너무 마음이 흡족해지고, 흐뭇한 미소가 흘러나왔다. 사람의 눈에도 심령 밭이 저렇게 예쁘고 사랑스럽게 느껴지는데 주님 눈에는 얼마나 귀할까 싶었다.

그녀와 함께 하는 작정기도가 3주가 지났다. 예배를 마쳤음에도 그녀는 오래도록 일어나지 않고 있었다. 그녀가 기도를 마치기를 뒤에서 기다리며, 바라보고 있는데 어느덧 날이 밝아와 성전 유리창 사이로 들어오는 햇살이 그녀의 자리를 비추어 너무나 아름다운 그림이 만들어져 있었다. 눈이 부시게 빛나는 그 자리에 두 손과 양미간을 힘껏 모으고, 얼굴을 위로 향하고 있는 그녀의 모습은 마치 주님께서 하시는 말씀을 주의 깊게 경청하는 것 같이 보여 감동적이고 은혜로워 엄숙함마저 느껴졌다. 그 모습은 너무나 인상 깊어 마음 판에 각인되어 도무지 잊을 수가 없었다.

40일 작정 새벽기도가 끝났다.

아쉽게도 그녀는 주님을 만나지 못한 것 같았다. 하지만 지난날 내가 그랬던 것처럼 주님을 향한 열렬한 짝사랑의 열정을 그녀에게서 보았고, 분명히 주님과 만나게 될 것이라는 확신이 들었다. 그녀는 작정기도의 이 시간이 너무나 좋았다고 했다. 이 새벽예배를 통해 주님을 더욱 많이 알고 싶은 열망이 커졌다며, 이제는 본격적으로 성경 공부를 하겠노라고 약속했다. 그리고는 그동안 감사했노라고 나를 꼭 안아주었다.

나 역시 그녀에게 너무나 고마웠다. 하루가 다르게 변해가는 그녀의 모습으로 인해 그간 내 지친 마음이 위로를 받았고, 주님을 향한 열정을 다시금 생각해볼 수 있었으며, 교회에 교제할 이가 적다는 불평이 무색하게 그녀만 생각하면 미소가 절로 나왔다. 그녀로 인해 내가 받은 은혜는 너무나 컸다.

그녀와 함께 한 행복했던 40일간의 작정기도는 끝났지만, 목사님께서 40일 금식기도를 결단하시고 기도원으로 가시자, 나는 이번에 다시 40일 새벽기도에 돌입했다. 앞선 40일 작정 기도에 이어 다시 시작한 두 번째 40일 작정기도 역시 성령께 붙잡아주셨기에 가능한 일이었다. 얼마 전 내 의지와 상관없이 사람들 앞에서 울부짖으며 회개기도를 했듯, 이번에도 내 의지가 아니었다. 기도의 모양은 달랐지만, 시작은 늘 같은 부르짖음으로 시작했다.

'하나님! 목사님의 견고한 진을 파해주시고 영역을 넓혀 주시옵소서! 장로님 기도소리가 크게 나오게 해주시옵소서! 안수 집사님들과 모든 성도들 성령세례 받고 방언 받게 해 주시옵소서!'

그리고 중보기도의 동역자를 붙여주시기를, 담임 목사님을 도와 함께 사역하실 부목사님을 보내달라고 간절히 부르짖었다. 그 당시 부목사님 자리가 공석으로 비어있었으며, 성가대를 인도해 주실 분도 안 계셨기에 이 두 자리를 함께 감당해줄 분을 애타게 기다렸던 것이었다.

중보기도가 끝나면 가끔 귀신을 쫓는 축사 기도를 할 때도 있었는데, 이제는 더 이상 사람들의 눈을 불편해하지 않았다. 그렇게 새벽만이 아니라, 온 하루를 교회에서 보내는 사이 사모님으로부터 목사님이 기도원에서 건강하게 돌아오셨다는 소식을 전해 들었다.

주일이 되어서야 뵐 수 있었던 목사님은 환한 웃음으로 내게 눈인사를 건네주셨고, 표정에서는 성령과 은혜로 충만함을 한 눈에 알 수 있었다. 목사님은 긴 시간 금식을 하셨음에도 상기된 얼굴에 강건해 보이셨고, 주일 말씀은 감동과 열정이 넘쳐났다. 아니 어쩌면 목사님이 충만해지신 것이 아니라 40일 작정기도를 통해 내 심령이 변했는지도 모르겠다. 어쨌건 나는 말씀에 너무 큰 은혜를 받았다.

기쁜 소식은 그 뿐이 아니었다.

목사님께서 기도원에서 귀한 만남을 가졌다는 것이다. 그분은 새 사역지를 인도받기 위해 금식기도를 하고자 기도원에 올라오신 분이셨는데, 우리 교회 형편을 들으시더니 기도 가운데 성령께서 감동을 주셨다며 부사역자로 사역하고 싶다고 결단해주셨다는 것이다. 게다가 그분의 사모님은 음악을 전공하신 성가대 지휘자이셨고, 중보 기도자이기도 하셨다.

하나님의 일하심은 너무도 놀라웠다. 모든 일이 우리가 생각하지 못하도록 완벽하게 맞추어지고 있었다. 그렇게 부목사님 내외

분이 부임하시던 날, 목사님을 비롯해 모든 교회 성도는 진심어린 환영의 큰 박수를 두 분께 마음껏 보내드렸다.

딸에게도 역시 기쁜 소식이 왔다.

중국에서의 집회에 단 한 사람도 빠짐없이 참석했으며, 은혜 가운데 무사히 마쳤다고 전해주었다. 하나님께서는 내게 온전한 헌신을 바라셨고, 사실 나는 아무것도 한 것이 없었다. 그저 그 자리를 지키면서 내가 가장 좋아하는 예배의 자리에 나갔을 뿐이었다. 그런데 하나님은 당신의 뜻 가운데 합력하여 모든 것에 선을 이루게 하시고 내 기도 제목 중 남편의 구원만을 남겨두셨다.

내가 기도해서 이 일이 이루어진 것이라고 생각하지 않는다, 하지만 기도하지 않았다면 이 소식들을 접했을 때 이만큼 기쁨을 누리지는 못했을 것이라는 생각이 든다. 아마 남의 일처럼 느껴지지 않았을까? 하지만 기도했기 때문에 나 역시 그 기쁨에 참여할 수가 있었고 그 은혜에 감사할 수 있었다.

교회는 부흥의 불씨가 지펴지고 있었고, 내가 그 교회에 간 지 어느덧 4년이 흘렀다.

교회에서 기쁜 일도 많았지만 내게는 늘 마음 한 구석을 차지하고 떠나지 않는 생각이 있었다.

'이제는 떠나도 되지 않을까? 하나님께서 남아있으라고 하신 것처럼 지금은 떠나도 된다고 하시지 않을까?'

당시 가정의 상황은 최악이었다. 도무지 변할 것 같지 않은 남편, 벗어나려고 발버둥을 쳐도 점점 극심해져가는 물질적 어려움, 우리 부부에게 실망해서 점점 멀어져만 가는 자녀들, 그리고 곧 파국을 맞을 것만 같은 우리 부부의 갈등 등으로 하루 한 시도 마음이 편할 날이 없었다.

나는 날마다 교회에 와서 쓰라린 탄식으로 엎드려 기도했다. 기도를 해도 평안함은 잠시 뿐 마음에는 번민이 가득 찼다. 도대체 이렇게 열심히 교회를 섬기는데 왜 우리 가정은 회복되지 않을까? 이 시련은 언제쯤이 되어야 끝날 것인가 알 수가 없고 희망이 내게서 점점 사라져가고 있는 것 같았다. 기도를 해도 괴롭고 마음이 너무 답답할 때는 가끔씩 신앙일기를 쓰기도 했다. 4년간 내 일기장에 담긴 내용은 온통 아픔으로 신음하는 소리뿐이었다.

4/22/07 일기 중

나락으로 떨어진다. 깊은 수렁으로 빠져들어 간다. 원수들이 올무에 옭아 매려고 한다. 내안에 있는 약한 의지가 싫다. 나에겐 견고한 믿음이 없는 걸까?

이 고통에서 벗어나고 싶다. 평생을 하나님과 동행하는 삶을 살다가 죽음을 보지 않고 하늘로 옮기어진 에녹과 같이 되고 싶다. 하지만 에녹은 옮겨지기 전에 믿음으로 하나님을 기쁘시게 하는 자라(히브리서 11:5) 증거를 받았기 때문이라 했으나 나에게는 그런 위대한 믿음이 없다.

하나님은 나에게 간증자로 소명을 주셨다고 했다. 그러나 믿음의 확신이 무너진다. 오직 눈물의 골짜기에 홀로 있는 것 같아 외롭고 존재가치가 없어져 버린 것 같아 힘들다. 연륜에 맞게 지키지 못한 것 때문에 한탄한다.

남편은 언제까지 다른 길을 갈까? 언제까지 함께하지 못할까? 물질의 고통은 언제까지일까? 내 영혼에 들려진 음성들은 모두 내 생각들이었을까? 아니면 그분의 계명을 지키지 못해 하나님께 책망 받을 것이 너무나 많았던 것일까? 그래서 마땅히 구할 것을 받지 못하는 걸까?(요한일서 3:21~22) 기도의 바람이 이토록 이루어지지 않음이 무엇 때문일까?

'주님! 어느새 구원의 기쁨도 감사도 사라지고 없습니다. 감사가 없음을 회개 드립니다. 감사하지 않음을 용서하시옵소서. 진정으로 구하는 것은 감사가 넘치게 하옵소서!'

괴로움과 좌절로 일관된 일기와 일기보다 더 괴로운 내 현실을 돌아보며 허탄함이 가득했다. 이제는 정말 더는 견딜 수가 없었다. 떠나고 싶었다.

'주님! 떠나도 될까요? 만약 아직도 아니라고 하신다면 그렇다면 다시 순종할 수밖에 없겠지요! 하지만 주님은 저를 아십니다!'

사실이었다. 그분은 내 심중을 정확히 알고 계셨다. 그분의 허락을 기다리는 내게 책망의 음성이 들렸다.

헌신의 순종은 하였으나, 그동안의 섬김은 바리새인들에게 말씀하신 "저희는 이미 상을 다 받았느니라"(마태복음 6:5)라고 하는 것과 같다고 하셨다. 기쁨도 감사도 없이 억지로 드렸던 헌신은 하나님 마음에도 역시 기쁘지 않았으며, 하늘의 상급 역시 없음을 말씀하신 것이다.

예상하지 못한 책망에 적잖이 놀랐다.

나는 최선을 다하고 있다고 생각했다. 내 수중에 유일하게 남아있는 백 달러를 나를 위해 쓰지 않고, 부활주일 제단에 백합꽃을 장식하기 위해 헌납하며 "주님! 내 형편과 사정을 다 아실 줄 믿습니다"라며 눈물바다를 이루었던 나였다.

그런 헌신이 사람에게는 칭찬받을 수 있을지 몰라도 주님은 기쁘지도 기억하지도 못하겠다는 기가 막힐 말씀을 내게 주신 것이다. 아무리 절박한 상황 가운데 드려진 헌신이라도 기쁨과 감사로 하지 않는다면, 그것은 온전한 헌신이라고 할 수 없다. 주님은 내가 드린 서원을 온전한 헌신으로 갚으라고 하셨고 또 그것을 기대하고 계셨다.

뒤돌아 생각해보면 나처럼 부족한 자에게 그런 귀한 일을 기대하신다는 것은 참 감사하고 영광된 일이었다. 하지만 그 당시 나는 그런 감사를 드릴 수가 없었다. 이미 겪고 있던 고난에 지쳐 있었고, 여기까지가 내가 감당할 몫이며 나는 할 만큼 했다는 생각이 들었다. 기쁨과 감사가 있는 서원을 반드시 지키겠으나, 지금은 그리고 이곳은 아니고 싶었다. 다음에 다른 곳에서 그 약속을 지키고 싶었다.

떠남에 대해 자유가 느껴졌다. 하나님은 사람에게 선택할 수 있는 자유 의지를 주셨고, 그 자유 의지로 결정한 것에 주님께서 평강을 주셨다고 확신했다. 단지 잠깐 스치는 생각이 있었는데, 주님께서 다시 기도하라고 하시는 것만 같았다. 하지만 교회를 떠나는 것으로 인한 인간적 미안함에서 기인한 생각이라고 여겼고, 마음의 결심을 더욱 강하게 했다. 며칠 후, 작별인사를 하기 무척 힘들었지만 안타깝게 바라보시는 목사님 내외분을 뒤로하고 교회를 떠나게 되었다.

이번에는 정말 신중하게 교회를 정하리라 마음먹고, 한동안 교회를 정하지 않고 평소 가보고 싶던 여러 교회를 찾아다니며 탐방했다.

사역자의 길을 마감하시고 평신도로 교회를 섬기시던 지인의 권면으로 드디어 여덟 번째 교회에 등록하게 되었다. 그 지인은 나와 매우 가까운 분으로 오랫동안 교제를 이어왔으며, 이번에는 정말 실패하지 않기 위해 지난 일을 거울삼아 충분히 기도하고 숙고한 후에 내린 결정이었다. 함께 믿음 생활을 할 사람이 있어 여러모로 의지가 되고 참 좋았던 1년의 시간이 지난 후 갑자기 그 지인이 교회를 떠난다는 소식을 접했다. 그 소식을 듣자마자 떠나지 말고 남아주기를 권면하고자 그분 댁으로 향했다.

"제발, 한 번만 더 생각해주세요."

"집사님을 오라고 해놓고는, 이렇게 무책임하게 떠나버려서 너무 미안해요. 하지만….”

그동안 은퇴했다는 이유로 안일한 신앙생활을 하면서 영적 부담을 전혀 짊어지지 않고 있다는 것을 기도 가운데 성령께서 일깨워 주셨다고 했다. 그 안일함을 회개했고, 다시 충만해진 심령으로 마지막이 될지 모를 열정을 가지고 사역을 감당하고 싶다고 했다. 단 이곳이 아닌 다른 곳에서 하고 싶다고 하셨다.

떠나시는 이유를 듣고 더는 잡을 수가 없었다.

헤어지는 아쉬움을 뒤로한 채, 집으로 발길을 돌리는데 불현듯 지난 교회에서 떠나던 내 모습이 떠올랐다. 교회를 떠나겠다고 인사를 하기 며칠 전, 나는 기도하며 하나님의 허락을 구하고 있었고, 자유하게 되었다고 판단했었다. 그때 잠깐 스치는 생각이 있었는데, 그것이 무엇인지 살피지 않고 무시해버렸던 바로 그 모습이었다. 그때 그것이 무엇이었는지 문득 정리가 되었다. 나는 조금 전 그 지인에게 했던 내 말을 생각해냈다.

나는 그분이 떠나는 것이 너무 안타까워 진심을 다해 권면했었다.

“전도사님! 다시 충만해진 심령과 하나님이 주신 새로운 열정으로 이곳에서 열심을 내봅시다! 다시 한 번 기도해보세요!”

그 말들이 메아리같이 내 귀에 맴돌며 다시 들리고 있었다. 그 말은 일곱 번째 교회인 바로 이전 교회의 사모님께서 떠나려는 나를 붙들고 간곡하게 하셨던 말씀이었다.

“집사님, 교회에 부흥의 불씨가 살아나고 있어요. 다시 충만해진 심령과 하나님이 주신 열정으로 이곳에서 열심을 내주시면 안 될까요? 다시 한 번만 기도해보세요."

지인의 떠남은 그래도 명분과 소신이 있었다. 그분은 한의학 공부를 하는 중이었는데, 공부를 마치고 한의사 자격증을 받으면 자신을 필요로 하는 선교지로 가서 헌신하고 싶다고 했었다. 그런데 지금 그분의 공부가 다 끝나가고 있던 때였었다.

하지만 나는 그렇지 못했다. 그제야 비로소 하나님께서 내게 선택할 수 있는 자유의지를 주신 것이 맞으며, 하나님이 내게 바라시는 것을 따를지 따르지 않을지도 역시 내 선택이라는 것을 알았다. 그리고 내 선택은 하나님이 바라시는 것을 따르지 않았다는 것도 순간에 인정했다. 사실 나는 하나님이 내가 그곳에 머물러 있기를 바라시는 것을 알고 있으면서도 떠나겠다는 선택을 해버린 것이다. 즉 그 교회가 좋은지 나쁜지의 문제도, 교회를 떠나는 것이 옳은지 그른지가 문제가 아니었다. 나는 하나님의 뜻에 순종할 것인지 아닌지를 선택함에 있어, 불순종을 선택한 것이었다.

뒤늦게 그것을 절감하고 나니 그간 내 섬김이 터무니없이 모자라고 부족했으며, 최선도 열심도 다하지 않았건만 왜 그렇게 힘들어하고 낙심했는지 자괴감이 들었다. 어리석은 판단을 반복하는 내게 주님은 변함없는 은혜를 부어 주셨고, 어느 곳에 있던지 봉사를 통해 섬기는 훈련을 받도록 배려해 주셨던 것인데 나는 그것이 내 헌신이라는 생각만 하고 힘들어 했던 것이다. 도무지 심지가 굳지 못하고, 능히 이겨내지 못한 것과 영혼 사랑이 극진한 아름답고 깨끗한 심령을 가진 목사님을 감히 비판했던 내 모습이 깨달아져 너무 부끄러웠다.

이번에 역시 후회와 죄송한 마음을 가눌 길이 없었다.

나는 왜 이렇게 오해와 실수가 많을까. 내가 그분들을 돕는 것이 아니라, 그분들이 나를 참아주고 양육해주며 기다려주고 있었는데 그때 나는 그것을 왜 몰랐을까. 어떻게든 그 은혜를 갚고 싶었지만, 그것을 깨달았을 때는 목사님 부부가 캄보디아 선교사로 떠나신 후였다. 나는 그저 기도로 그분들을 응원해 드릴 수 있을 뿐이다.

제4부

새로 사명을

주시는 하나님

하나님을 하나님 되시게 하다

"하나님의 뜻을 분별한다는 것은 하나님을 하나님 되시게 할 때다. 모든 그리스도인들은 하나님의 뜻 가운데 살기 원한다. 그러나 그분의 뜻을 분별하는 것은 많은 이들을 곤혹스럽게 하는 고품격 기술이다"(Gorden T. Smith 지음 「분별의 기술」)

우리가 범하는 수많은 잘못은 하나님의 뜻을 분별하지 못했기 때문이라는 작가의 말에 전적으로 동감한다. 작가는 마지막 장에 이렇게 말했다.

"우리가 하나님의 얼굴을 구할 때 그분은 우리에게 응답하실 의무가 없다. 참된 믿음을 지닌 사람은 이런 사실을 알고 하나님께 그분의 지혜대로 자유롭게 응답하시게 하여 이로써 하나님을 하나님 되시게 한다. 분별에 있어서 하나님을 하나님 되시게 하는 것만큼 중요한 것은 없다. 그것은 하나님께서 주신 혹은 허락하신 한계와 어려움 속에서 살아가기를 결단하는 것이다. 이것이 바로 신앙의 본질이며 이 신앙은 분별을 위한 가장 근본적인 전제조건이 된다. 그러므로 우리는 조용히 하나님을 참고 기다려야 한다."

일곱 번째 교회 즉 이전 교회를 섬기고 있던 그 시기가 하나님이 내게 허락하신 한계와 어려움의 때였음을 깨달았다. 아울러 그 분을 기다리는 것에 인내하지 못했다는 것도 알게 되었다. 그래서 이제는 작가의 표현에 따르면 "하나님을 하나님 되시게 해 드리는 것"을 하고 싶다. 그분의 뜻을 분별하여 참된 믿음의 사람이 되고 싶었기 때문이다. 그것을 위해, 하나님께서 다시 한 번 지난날과 같은 한계와 어려움을 내게 허락하신다면 이번에는 정말 겸허히 순종하며 살아가기를 결단할 것이다.

다시 6년의 세월이 흘렀다.

지난 시간은 고난의 풀무 가운데로 남편과 함께 지나왔다. 고통의 반은 내 몫이었는데, 그 풀무 가운데를 지나며 굳어져가는 터 위에 믿음만이 견고해질 수 있었다.

남편 역시 마찬가지였다. 뜨거운 풀무를 지나온 남편은 이제 범사에 감사하는 긍정적인 사람이 되어 있었다. 물질의 여유가 있다 없다 말하는 것은 모두 자신이 정한 기준에 따라 다른 것이고, 풀무 불의 가운데를 지나온 우리는 물질을 버는 능력 대신, 어떠한 형편에도 자족하며 지극히 작은 것에도 행복하고 기뻐할 수 있는 능력을 갖게 되었다. 다른 사람이 보기에 어떠하든지, 세상적 안목에서는 곤핍하더라도, 필요한 것 외에는 구하지 않게 된 지금 더 이상 물질로 인해 겪는 갈등이나 어려움은 없다.

또한 내 영혼이 잘되고, 강건할 때 범사에 잘 될 수밖에 없다는 말씀(요한삼서 1:2)의 비밀을 깨달아 영적인 복을 누리고 있으며, 우리 가정에 꼭 있어야할 필요를 정확하게 공급하시는 일에 결코 실수가 없는 하나님을 매번 경험하고 있다. 무엇보다 감사한 일은 오랜 기간 기도하며 기다리면서도 응답이 없는 현실에 절망하고 안타까워하며 더 이상 이것에는 희망이 없다고 했던 것, 곧 남편 영혼의 구원에 개입한 하나님의 손길을 보는 일이었다.

남편은 언젠가부터 하나님의 은혜를 간절히 사모하기 시작했고, 매 주일예배를 기다리며, 주일 강단에서 선포되는 목사님의 말씀과 찬양에 복음의 감격을 누리며 흐르는 눈물을 절제하지 못하는 나날을 보내고 있다. 정말 모든 것에 감사하고 또 감사할 뿐이다.

다만 한 가지 더 소망이 있다면, 남편이 하루 빨리 하나님을 인격적으로 만나 믿음의 진보가 이루어지는 그 날을 보는 것이다. 이미 너무도 감사한 은혜의 시간을 누리고 있지만 내 마음의 조급증이 나를 자꾸만 채근하며, 남편과 함께 주님의 일에 헌신할 수 있는 그 날이 언제쯤이나 올까 애타게 기다려졌다.

남편이 신앙생활을 늦게 시작한 탓에 자신의 영혼 하나만 간신히 구원을 받고, 다른 영혼들에 대한 책임을 다하지 못하는 것은 아닐까, 누군가는 저 멀리 험한 곳으로 선교사역을 위해서 떠나는데 나는 이렇게 편하게 있는 것에 너무 두렵고 조급해져 마음의 평안이 사라지려고 할 때였다. 성령께서는 목사님을 통해 내가 가진 생각들은 믿음의 열정인 것 같지만, 세상적인 관점이며, 사람의 기대치로 바라보는 동안은 절대로 하나님의 관점으로 남편을 볼 수 없다고 일침을 가하셨다. 바로 주일예배 중「소망에 대하여」라는 말씀이었다.

우리가 알고 있는 소망이란 조그마한 가능성이라도 있는 일을 기대하는 것을 의미한다.

그러나 하나님을 아는 자는 아무런 여지가 없고, 가능성이 없는 때에라도 기대하며 바라는 것이다. 그럴 수 있는 것은 하나님을 알고 있기 때문이다. 히브리서 11장에 나오는 믿음의 선진들의 예표는 모두 다 하나님을 알고 있다는 증거라고 하시며, 아브라함의 예를 들려주셨다. 아브라함은 바랄 수 없는 중에 바라고 믿음으로써 하나님의 약속을 받았으니 이는 네 후손이 이 같으리라 말씀하신대로 오늘날까지 많은 민족의 조상이 된 것이라 하셨다.(로마서 4:18) 그리고 목사님은 우리에게 물으셨다.

"소망이 없다고 단정하며 마음을 접고 살 것인가! 아니면 하나님이 주신 약속의 말씀을 붙잡고 살 것인가! 각자 자신에게 대답해보십시오."

그 질문을 받는 순간 나는 결정했다.

하나님은 지금도 여전히 두 눈을 크게 부릅뜨고 살아계심을 잘 알고 있는 나는 그분의 약속의 말씀을 붙잡고 살겠으며, 남편이 날아다니며 전도하는 귀한 직분을 감당할 수 있는 사람이 되게 해달라는 오랜 기도에 응답하시겠다던 그분의 약속도 굳게

믿겠노라고 말이다. 다만! 그때를 말하여 주시지 않는 것은 내게 소망이 있게 하려함이요 그래야 남은 날을 지킬 수 있기 때문이 아니겠는가.

새로운 이름과 삶 드보라

「하나님의 타이밍」을 쓴 O.S. Hilman은 책을 통해 이렇게 말했다.

"새 사람이 되는 일은 회심으로 가는 긴 여정의 일부다."

긴 여정의 일부라는 말에 공감했다. 그동안 새사람이 되기 위한 긴 여정을 지나왔으며, 현재도 그 기나긴 여정의 한 지점을 지나고 있을 터였다. 돌이켜보면 교회와 삶 속에서 언제나 입술의 고백은 무엇을 하든지 모든 것은 주님 때문이고 하나님의 영광을 위한 것이라고 했지만 사실은 영적 게으름과 육신의 연약함으로 터무니없이 부족했음을 고백할 수밖에 없다. 다만 내 그런 부족함이 회심으로 향하는 여정을 재촉해주었고, 그로 인해 풍성한 하나님의 은혜를 경험할 수 있었음에 감사한다. 나는 너무 부족한 사람이라 기도 외에는 다른 어떤 것도 할 수 없었고, 그 기도 가운데 주님을 깊이 알아갈 수 있는 복된 시간을 가질 수 있었다.

"우리는 하나님만 있으면 된다는 사실을 우리가 가진 것이 하나님밖에 없을 때가 되어서야 깨달을 것이다."_(Rick warren 지음 「목적을 이끄는 삶」에서)

틀린 말이 아니었다. 내가 가진 것이 하나님 밖에 없다는 사실을 깨달았을 때, 나는 하나님 한 분만 있으면 만족할 수 있음을 진심으로 깨달을 수 있었다.

"마음이 청결한 자는 복이 있나니 저희가 하나님을 볼 것이요" 마태

복음 5:8.

나는 이 말씀을 무척 사랑한다.

나의 심령이 깨끗하고 청결하여 날마다 하나님을 뵙고 싶기 때문이다. 사실 내 옛 모습은 인내를 모르고, 심지가 굳지 못해 책임지는 일을 싫어하며, 불편한 것에 질색하고, 안목의 정욕만을 따르며, 원하는 것에 절제하지 못하던 지극히 세속적인 사람이었다.

그 뿐이 아니었다. 지혜롭지도 현명하지도 못했고, 할 줄 아는 것도 없어 나 같은 사람은 어디에도 쓸모가 없다는 자격지심도 너무 강한 사람이었으며, 나의 그 못남을 감추기 위해 외적으로 포장하는 것으로 위안을 삼았다. 덕분에 자연스럽지도 정직하지도 못한 삶을 살아왔었다.

그러던 어느 날 실체를 알 수 없는 허전한 마음이 들었다. 아니 사실 갑자기는 아니었다. 내 마음은 항상 허전했고, 어느 날 갑자기 그것을 사무치도록 느꼈을 뿐이었다. 도대체 왜 이런 기분이 드는 걸까? 이유를 알 수 없는 그 의문은 풀리지 않은 채, 우리

가족은 한국을 떠나 미국으로 이민을 왔고, 미국으로 온 후 허전함과 쓸쓸함은 더욱더 커져만 갔다.

이민 생활이 어느 정도 안정되었을 때, 우리 가정은 평안하고 행복하며 아무 문제도 없다고 자신하며 잠자리에 들었는데 이른 새벽 눈이 번쩍 떠졌다. 그리고 이전에도 느꼈던 그 공허함이 찾아와 내 가슴을 뻥 뚫어버렸다. 나는 끝없이 생각했다.

'나는 여기 왜 있는 걸까? 지금 여기서 무엇을 하고 있나? 왜 이민을 오게 되어 이런 낯선 곳에 있을까? 여기에 있는 이유도 목적도 의미도 모르는데, 그냥 이렇게 하루하루 보내다보면 이 공허함이 잊혀 질까? 아니면 무엇으로 이 공허함을 채울 수 있을까? 채울 그 무엇이 세상에 있을까? 그게 뭘까?'

어쩌면 그 공허함을 채울 무언가가 있을 수도 있다는 막연함이 들었지만 그게 어떤 것인지, 어떻게 해야 하는 것인지 도저히 알 길이 없었다.

이런 불안함이 혹시 우리 가정에 있는 문제 때문은 아닐까 두렵기도 했다. 혹시 우리 가정에 내가 모르는 어떤 문제가 있는 것은 아닐까? 그래서 무슨 문제가 있는지 샅샅이 생각해보았지만, 나는 우리 집에는 아무 문제가 없다고 자신할 수 있었다. 그럼에도 불구하고 내 허전함의 증세는 점점 심해져서, 가슴 한쪽이 뻥 뚫려져 시리고 아픈 것 같았고, 그런 가슴을 두 팔로 힘껏 안아보았지만 아무리 힘껏 안아보아도 채워지지 않는 공허함은 나를

지독히도 고독하게 했다. 시간이 흘러 그해 겨울 드디어 의문의
실체가 풀어졌다.

　주님을 만났다.

　뻥 뚫려있는 가슴은 주님의 자리였고, 그 안을 채우셔야 하는
주님이 나를 찾아오셨다. 도저히 채워지지 않던 공허한 자리는
성령님의 자리였으며 성령의 내주하심으로 충만함이 자리를 잡
았고, 기쁨이 넘쳤으며, 내 마음에 일어난 놀라운 변화는 세상이
결코 알지 못한 감사와 세상에서는 결코 경험할 수 없던 평안으
로 채워졌다.

　"평안을 너희에게 끼치노니 곧 나의 평안을 너희에게 주노라 내가
　너희에게 주는 것은 세상이 주는 것과 같지 아니하니라 너희는 마
　음에 근심하지도 말고 두려워하지도 말라" 요한복음 14:27.

　하지만 그 기쁨과 충만함으로 끝이 아니었다.

　그분을 만나 기뻤지만 내 못난 자아는 그대로 남아있었다. 그
래서 참 오랜 기간의 훈련을 거쳤고, 그때의 매 순간 나를 찾아온
역경을 통해 내 인격이 조금씩 변화하기 시작했다. 그 순간은 너
무 괴롭고 이보다 더한 참담함은 없다고 부르짖었지만, 그 고통
의 울부짖음 중에도 하나님은 이 모든 것이 성숙에 이르는 과정
임을 깨닫게 해주셔서 견딜 수 있었다.

　이 모든 것이 주님의 은혜임에 너무나 감사할 뿐이다. 역경의
훈련을 통해, 내게 능력 주시는 자 안에서 모든 것을 할 수 있다

는 고백을 할 수 있으며, 범사에 감사할 수 있는 능력까지도 덧입혀 주셨다. 너무도 자주, 동일한 것에 걸려 넘어졌고, 하나님 마음을 아프게 했지만 이런 나를 포기하지 않으시는 하나님 덕에 내 더딘 변화는 멈추지 않고 계속될 수 있었다. 그런 더딘 변화 끝에 범사에 감사하는 심령이 굳건히 자리를 잡을 때, 하나님은 우리 가정의 관계의 회복은 물론 오랜 시간 우리를 괴롭혀 온 경제적 곤란에서도 구원해 주셨다.

언제였나, 계속되는 물질의 어려움으로 십일조를 드리지 못하고 있을 때였다.

나는 십일조를 드리지 못하는 것이 너무 안타까워 매일 정해진 기도 시간에 십일조를 드릴 수 있기를 간절히 구했다. 그분의 응답은 내 형편을 바꾸어 주신 것이 아니라, 십일조를 할 수 있는 지혜를 주셨다. 그 무렵 내 차에 문제가 있어, 출근할 때 택시를 이용하고 있었다. 그 동안 버스에 대한 인식이 좋지 않았고, 안전한 동네가 아니라서 막연한 불안함이 있었기 때문에 버스를 탄다는 생각은 한 번도 하지 못했었던 때였다. 그런데 문득 한시적이나마 택시비보다 훨씬 저렴한 버스를 이용하면, 거기서 아낀 돈으로 십일조를 드릴 수 있겠다는 생각이 들었다. 당장 절감할 수 있는 비용을 계산해보니 신기하게도 수입의 정확한 십일조가 되었다.

그래서 버스를 타기로 결정하기 전에, 출근할 때가 아닌 휴무일에 시험 삼아 버스를 이용해보기로 했다. 어떻게 운행되며, 시간은 얼마나 걸리는지 등을 미리 점검해 보고 싶었다. 그렇게 버스를 이용하기로 결심한 첫날, 버스 정류장에 서있는데, 운행표에 적힌 그 시간에 버스가 내게로 다가왔다.

내심 긴장하며 차에 올라타는데 흑인 버스 기사는 "Hi"라며 반갑게 나를 맞아주었다. 환한 그의 표정에서 불안한 내 마음의 반은 안도감으로 바뀌었고, 빈 자리를 찾아가 앉았다. 버스에 동양인은 나 한사람이라는 것과 사람들의 시선이 함께 느껴졌다. 고개를 돌리는데 아까부터 나를 물끄러미 보고 있던 한 여인과 눈이 마주쳤다. 어색하지만 애써 웃음을 건네고 나를 격려했다.

"괜찮아! 할 만하네!"

하지만 속으로는 액션 영화에서나 보았던 위험한 장면들을 자꾸만 상상하고 있었다. 그런데 현실은 액션 영화와 달리 너무 평범했다. 정류장을 거칠 때마다, 버스는 승객으로 가득 찼고, 복잡했을 뿐 내가 상상했던 그 어떤 일도 일어나지 않았다. 잠시 후 버스를 내리며 멋쩍은 웃음이 나왔다. 불안해 할 필요가 없는 일이었다.

벌써 버스를 이용해서 출근한지가 일주일 째였다.

그 짧은 기간에 나는 버스에 완전히 적응을 했고, 옆자리에 누가 있던지 상관하지 않을 수 있게 되었으며, 수다스러워졌고, 택시보다 더 정확하게 정류장에 도착해주는 것에 만족했다. 버스는 나에게 아주 착한 친구였다. 그렇게 다시 3주를 더 보내 한 달이 되어 나는 십일조를 드릴 수 있었다. 기쁘고 감사했다. 드릴 수 있음도 감사하지만, 빠듯한 경제상황에 십일조를 드리는 것을 도무지 이해하지 못하던 남편에게 거짓말을 하지 않아도 되는 것이 너무 감사했다. 그간 나는 십일조를 하기 위해 주말이면 외식이나 특별식을 기대하는 남편에게 그럴만한 경제적 여유가 우리에게는 없다고 냉정하게 거짓말을 했으며, 미안함과 함께, 온전한 신앙생활을 가로막는 그가 원망스럽기도 했었다.

그런데 이제 그럴 필요가 없어졌다. 번잡하고 괴로운 심중을 가지고 주께 고할 때 나의 앉고 일어섬을 다 아시고 있다고 헤아려주신 그분의 은혜가 감사했다(시편 139:1~4). 멀리서도 나의 생각을 밝히 아시는 그분은 내 혀의 말을 알지 못하는 것이 하나도 없으신 것이다.

4개월 후 더 이상 버스를 탈 필요가 없게 되었지만 신실하신 하나님의 응답은 계속되었다.

기대하지도 않았는데 봉급이 10%인상된 것이다. 남편에게 그 사실을 미처 말하지 못한 채 매달 온전한 십일조를 드렸다. 그리고 얼마 후 우리는 항상 주일날 마켓에서 일주일 치 식품을 사오곤 하는데 전날 남편이 말했다.

"여보! 내일은 마켓을 볼 수 없을 거야! 남아있는 돈이 없거든! 냉장고에 있는 것 대충 먹도록 하고 일주일을 견뎌봅시다."

이미 전 주일에도 알뜰하게 장을 봐온 터라 남아있는 음식은 없었다. 쌀조차 떨어지고 없다는 생각에 문득 성경책에 넣어둔 십일조가 생각났다. 그러나 고개를 저으며 그분께 나왔다.

"주님! 잠시 사람의 방법을 생각한 것을 용서하시옵소서. 분명히 하나님의 방법으로 우리의 필요를 채워주실 것을 믿습니다. 설령 그리 아니하실지라도 오직 감사드립니다."

눈물이 그렁그렁 달려있는 채 무엇이 그리도 감사한지 입술에서는 감사가 넘친다는 고백만이 나왔다.

한 주가 지난 월요일, 남편에게 기쁜 소식이 왔다. 이력서를 보내고, 기다리던 곳에서 빠른 시일에 출근해달라는 연락을 받았다고 했다. 그리고 남편이 받게 될 보수는 이전 직장의 두 배에 이르는 금액이었다. 그날 저녁 남편은 들뜬 표정으로 말했다.

"앞으로 절대 당신에게 마켓 비를 못주는 일은 없을 거요! 그동안 너무 마음 고생시켜서 미안하오. 평생토록 잘할 것을 약속할게 지켜보구려."

그의 약속은 지금까지 잘 지켜지고 있으며 그 후 내게도 기쁜 일이 생겼다.

남편의 권유대로 직장에서 풀타임이 아닌 파트타임(Part time)으로 이틀만 일할 수 있게 된 것이다. 시간적 여유를 가질 수 있게 되어 가장 기뻤는데 그것은 오랜 기도의 응답이기도 했다.

그렇게 일 년이 흐른 후 우리는 너무 예쁜 집을 사게 되었다. 당장에 먹을 쌀이 없었던 그날이 삶에서 가장 참담할 수 있었으나, 불평하지 않고 그렇게 변화시켜준 그분의 은혜에 너무 감사했으며, 당시 떠올랐던 십일조는 하나님께서 나를 시험하사 내 마음이 어떠한지 그 분의 명령을 지키는지 지키지 않는지, 광야를 지날 때라도 하나님의 것을 구별하여 드릴 수 있는 순종을 시험하신 것이 아니었나 생각되었다.

"네 하나님 여호와께서 이 사십 년 동안에 네게 광야 길을 걷게 하신 것을 기억하라 이는 너를 낮추시며 너를 시험하사 네 마음이 어떠한지 그 명령을 지키는지 지키지 않는지 알려 하심이라" 신명기 8:2.

언젠가 들었던 주일 설교에서 목사님은 말씀하셨다.

기도는 응답된 것을 받지만, 감사는 구하지 않은 것까지 덤으로 받는 축복이 임한다고 말이다. 내가 바로 그 산 증인이었다. 가진 것이 아무것도 없을 때에라도, 그리 아니하실지라도 감사했을 때 하나님은(말라기 4:2) 말씀으로 땅에 떨어진 나의 모든 것들을 회복시켜주시겠다는 약속을 실행하셨다.

하나님은 아무 쓸모없는 존재라고 생각했던 나를 가치있는 존재로 생각하게 해주셨으며, 할 수 없다고 생각했던 일들을 훈련을 통해 할 수 있게 하셨고, 물질에 매여 있던 나를 자유하게 하신 후 가장 필요한 상태로 모든 것을 회복시켜 주셨다. 그리고 이 모든 것이 회복된 후 당신을 간증하라는 소명을 주신 것이다.

그동안 우리의 마음과 생활만 바뀐 것은 아니었다.

2008년 그 당시 남편의 방황은 끝나지 않고 있었고, 나는 여러 상황에 괴로워하며 혼자 앉아 기도 중이었다. 그런데 문득 마음에 강한 음성이 들렸다.

"너의 이름은 나오미가 아니라 드보라다."

순간 의아했다.

그 순간 기도는 하고 있었지만, 이름을 무엇으로 정할지를 위해 하던 기도가 아니었는데 전혀 상관없는 내용이었기 때문이다. 하지만 마음에서 그냥 무시해버릴 수 없던 것은 아무에게도 말을 하지는 않았지만 내 이름을 나오미(Naomi)로 해야겠다고 혼자 마음먹고 있었기 때문이었다.

미국에 온지 십년이 훌쩍 넘어 갑자기 영어식 이름을 새로 정하기로 한 것은 시민권을 신청하면서였다. 이름이 예쁘기도 했지만 기쁨을 뜻하는 나오미, 인생의 한때 그 이름이 무색하게 슬픔의 순간을 맞지만 결국은 기쁨의 노년을 보내며 간접적이나마 예수님의 가문에 포함되는 그녀의 이름을 가지고 싶었다.

그런데 갑자기 이런 음성을 들었던 것이었다. 하지만 내가 제대로 들은 것인지에 대한 확신이 없어 이름을 정하지 못하고 그냥 기다리고 있었다.

3개월이 흘렀다.

새벽예배를 드리고 있는데 다시금 그 음성이 들렸다.

"너의 이름은 나오미가 아니라 드보라다."

그리고 눈앞에 "흰 돌"이라는 하얀색으로 또렷하게 적힌 글씨가 보였다. 흰 돌이라는 말이 아주 생소하지 않게 느껴지는 것을 보니 성경 어딘가에서 보았던 것 같은데, 무슨 뜻인지 이해할 수가 없었다. 그래서 성경을 펼쳐 흰 돌이 무엇인지 찾기 시작했고,

얼마 후 요한계시록 2장에서 그 단어를 찾을 수 있었다.

> "버가모 교회의 사자에게 편지하라 좌우에 날선 검을 가지신이가
> 이르시되…17절 귀 있는 자들은 성령이 교회들에게 하시는 말씀
> 을 들을지어다. 이기는 그에게는 내가 감추었던 만나를 주시고 또
> 흰 돌을 줄 터인데 그 돌 위에 새 이름을 기록한 것이 있나니 받은
> 자 밖에는 그 이름을 알 사람이 없느니라"요한계시록 2:12~17.

버가모 교회 지도자와 성도들에게 몇몇의 무리들이 우상숭배와 음행으로 믿음을 지키지 않는 것에 보고만 있는 것을 책망하시고, 끝까지 믿음을 지키고 회개하여 이기는 자에게는 숨겨진 만나와 흰 돌을 주신다는 말씀이었다. 성경에 적힌 말씀은 알겠는데, 그 흰 돌이 내게는 무슨 의미라는 것인지 그리고 왜 내 이름은 나오미가 아닌 드보라여야 하는지 여전히 의문은 가시지 않았다. 그래서 다시 드보라의 이야기가 나오는 사사기 4장을 정독하며 읽었다.

이스라엘의 사사인 드보라는 백성들을 재판했으며 장군인 바락에게 전쟁에 나가 싸우라는 하나님의 명령을 전하고 소심하고 믿음 없는 바락을 격려하며 함께 전쟁터에 나가는 지혜롭고 강하고 담대한 선지자였다. 그런 그녀의 이름이 내게 합당한가 생각해봤을 때, 의문은 더욱 커지기만 했다.

나는 성품에 있어서 드보라와는 전혀 다른 사람이었으니 말이다. 그렇다고 그 음성을 간과할 수 없는 것은, 내가 나오미라는 이름을 혼자 마음에 품고 있었다는 것을 아시고 '나오미'가 아닌

‘드보라’고 하셨으며, ‘흰 돌’이라는 말씀을 보여주셨기 때문이었다.

그 당시는 상황이 힘들었지만, 정말 뜨거운 은혜와 체험이 동반되는 훈련의 과정을 지나고 있을 때였다. 이름은 일단 드보라라고 정했지만 아직 내 옷이 아닌 것 마냥 익숙하지는 않았다. 물론 내가 가졌던 의문도 해소하지 못한 채 상당한 시간이 흘렀다. 생각이 날 때마다 성경을 찾아 읽었고, 또 다른 서적 등을 통해서도 그 뜻을 찾아 보았다.

흰 돌은 신앙의 정절을 지킨 승리자에게 주는 상급으로 하나님의 자녀가 되는 영예를 얻어 영광스러운 그 분 나라의 잔치에 참여케 하신다는 주님의 언약을 함축한 것이라고 한다. 그리고 그 돌 위에 새겨진 새 이름은 믿음에 승리하는 자만이 받는 것으로, 구속받은 그리스도인의 새로운 이름을 나타내는 것이며 하나님의 말씀으로 사는 사람이 된 것을 말한다는 것이다.

‘드보라’는 ‘꿀벌’이라는 뜻을 지니고 있다고 한다.

꿀벌이 하는 일을 생각해보았다. 조그마한 꿀벌이 사람들에게 달콤한 꿀을 내어주기 위해 일생동안 얼마나 부지런히 애써야 했을까? 그렇다면 그 이름을 주신 까닭은 나 역시 애쓰며 부지런히 단련 받은 후에 하나님의 말씀으로 하는 권면들이 심령이 갈급한 이들에게 꿀 송이같이 달게 들려지게 하려는 그분의 의도가 아닐까 하는 생각이 들며 의문은 해소되고 확신이 생겼다.

세상은 우리가 예수님에 대해 무엇이라고 말하는 것보다 우리가 어떤 그리스도인 인지를 먼저 본다고 한다.

하나님은 내가 기복신앙에 머물러있도록 허락지 않으셨다. 훈련을 통해 가장 먼저 나의 나 된 것이 하나님의 은혜임을 알게 하셨으며(고린도전서 15:10) 나의 나됨이 성숙되기까지 오래도록 빚으며 기다리셨다.

시간이 지나 2011년 여름 목사님께서 전화를 주셨다.

"이번에 권사님으로 피택받으셨어요."

"감사합니다."

인사치레인 "아직은 제가 많이 부족한데요"라고 하는 등의 말은 드리지 않았다.

물론 나는 많이 부족한 사람이고, 나 스스로도 그것을 잘 알고 있었다. 하지만 나는 이 날을 몇 년 전부터 너무나 기다려왔었다. 그 당시 너무 조급한 마음으로 그분께 호소하는 날이 있었다.

'주님! 입술은 어눌해지고 기억도 둔해지고 눈조차 어두워지는 나이가 되어 가는데 언제 주의 일에 쓰임 받으리까? 영영 작은 일조차 쓰임 받지 못할 것 같아 두렵습니다.'

그때에 받은 응답은 권사 직분을 받은 이후부터라고 하셨다.

사람의 인식처럼 권사라는 직분이 중요하다는 것이 아니라, 그때가 언제인지 알려주시는 하나님의 사인이라고 생각하고 기다리고 있었다. 마음속 깊이 담고 기다렸는데, 드디어 그날이 온 것이었다. 권사로 피택받는 이듬해 1월을 두근거리는 마음으로 기다렸다.

임직식을 마치고 나에게 이런 오랜 기다림을 주신 그분의 뜻을 헤아려보았다.

달콤한 말로 누군가를 권면하는 일은 그렇게 어렵지 않다. 하지만 권면을 해줄 수 있을만한 사람이 되는 일은 참으로 어려운 일이었다. 내가 사치하면서 남에게 검소하라 말할 수 없고, 내가 아무도 사랑하지 못하면서 사람들에게 사랑을 이야기 할 수 없는 것이 아니던가. 나는 항상 하나님의 쓰임을 받고 싶다고 소망했고, 또 서원했지만 하나님의 쓰임을 받을만한 내면의 덕목을 갖추지 못한 상태였다. 하나님이 귀하게 여기시는 영혼이 상처입거나 반발할까 내가 아무리 졸라도 하나님은 도저히 맡길 수가 없으셨던 것이다. 그래서 겸손과 절제와 온유를 정말 오랜 시간을 걸쳐 가르치시고, 징계하시고 또 기다리시며 훈련의 때를 지나게 하셨던 것이었다.

그 훈련 덕분에 나는 너무 괴로웠고 수십 번 깨어졌지만 덕분에 복음을 증거하는 심령이 될 수 있었고, 내가 초라하고 낮은 자인 까닭에 내가 아닌 오직 하나님만이 드러나고 영광 받으실 수 있게 되었으며, 이 모든 것에 기뻐할 수 있는 성숙함을 가질 수 있었음을 고백하지 않을 수 없다. 결국 지금의 나됨이 하나님의 은혜임을 알게 하셨고, 이제 "내 은혜가 네게 족하도다"(고린도후서 12:9)라고 말씀해 주실 것을 믿는다.

내 나이 60을 바라보고, 이제 길지 않은 회심의 여정을 향해 두 가지 소원이 있다.

첫째는 재혼상담과 신앙상담을 겸한 쉼터(쉘터Shelter)사역이다. 평생에 이런 일을 마음에 품어본 적도 없었던 내가 시작하게 된 것은 갑작스레 직장을 그만 둔 후였다.

과거 여러 상황으로 너무 힘든 시간을 겪던 내게 항상 성령님의 놀라운 체험으로 나를 위로하고 징계하고 인도해주셨지만 어느 날부터인가 말씀을 통해서 깨달음을 주실 뿐 더 이상 그런 체험을 경험할 수가 없었다. 그러던 어느 새벽예배시간이었다.

"너희는 이전 일을 기억하지 말며 옛날 일을 생각하지 말라. 보라! 내가 새 일을 행하리니 이제 나타낼 것이라 너희가 그것을 아지 못하겠느냐! 반드시 내가 광야에 길을 사막에 강을 내리니…"(이사야 43:18~19)라는 말씀과 함께 "돕는 배필"이라는 글씨가 환상으로 보였다.

나는 이미 배필이 있는 사람이니, 아무래도 결혼 상담을 말씀하신 것이 아닌가 싶었다.

몇 날을 고심한 끝에, 원래의 나는 절대로 하고 싶지도 않고, 할 수 도 없는 일이지만, 변화된 지금의 나라면 결혼 상담을 잘할 수 있을 것 같다는 생각이 들었다. 그리고는 신앙인을 대상으로 하는 재혼 상담을 해야겠다는 생각이 들었다. 하지만 이것이 과연 하나님이 주신 감동일까 하는 생각이 들었다. 사별로 인한 재혼이라면 모를까, 이혼으로 인한 재혼은 성경에서 주님이 금하지 않으셨던가. 마음에 걸렸다. 그래서 다시금 기도했다.

이사야 61장 1~3절 말씀이 떠올랐다.

"여호와의 신이 이사야 선지자에게 기름 부으사 갇힌 자와 포로된 자와 슬픈 자와 가난한자들에게 아름다운 소식을 전하게 하신 것"처럼 내게도 마음이 상한 자 영혼이 피폐한자 실족하여 낙심한 자 위로가 필요한 슬픈 자 주님을 떠난 자 아직 주님을 모르고 있는 자 모두 영으로 육으로 실패한 그들을 돕는 배필이라는 통로를 사용하여 내게 붙이셔서 새사람을 찾아주는 과정 가운데 영의 새사람의 옷을 입혀주고 속사람을 치유하는 구원사역이라는 것으로 깨달아졌다.

확신이 들자, 목사님께 말씀을 드렸다. 하나님께서 주신 확신이라면 시작하도록 돕고 싶다시며 사무실을 내어주셨다. 단 성경에 근거해서 목적에 위배되는 일이 없어야 한다고 신신당부하셨다.

목사님의 배려로 시작은 했지만 상담사로서의 정식 교육과정을 이수하지 않은 나 같은 평신도가 해도 되는 일인가 싶었지만 시간이 지날수록 생각이 바뀌었다.

학문적으로는 많이 부족했지만, 이 일이 하나님이 내게 주신 소명이라는 것을 거듭하여 느낄 수 있었다. 정말 수많은 사람들을 만났고 그들 대부분은 교회를 떠나있는 상태였다. 결혼 실패로 교회를 떠난 이도 있었고, 잠깐 다녀봤지만 마음이 상해 떠나있는 이도 있었으며 세상이 좋아 떠난 이도 있었다. 다만 동일한 것은 마음에 큰 상처와 괴로움을 안고 나를 찾아왔다는 것이었다. 나도 마음이 아팠다. 교회를 떠나있는 것을 탓할 마음이 전혀 없었다. 믿음이 연약할 때라면 누구나 그럴 수 있었다. 나 역시 너무 절망적인 상황에서는 기도조차 할 수 없는 순간이 너무 많았다.

상담을 하면 할수록, 이혼한 사람이 너무나 많은 것에 놀랐고, 그들의 상처가 너무 아파서 놀랐다.

지난날 남편과의 불화와 가정의 위기로 고통의 시간들을 겪은 것은 까닭없는 연단이 아니었다. 내가 남편과 행복한 시간만을 겪어 왔더라면 결코 동감할 수 없는 것들이었다. 물론 그 고통의 시간에는 내 어리석음으로 인한 것이 대부분이었지만 하나님은 그것마저도 선하게 사용하시는 분이셨다. 하나님이 개입하심으로 내 모든 것은 실패가 아니라 연단이 될 수 있었다.

그들의 첫마디에 벌써 내 가슴에 통증이 느껴지고, 고통스러웠을 지난 시간이 짐작이 되었다. 본국에만 사는 사람들은 모르겠지만, 이민생활은 모두다 그렇지않지만 고국을 떠나 타국에서 생활하는 그 자체만으로도 충분히 고단하고 버거운 삶이다. 때문에 지친 몸을 이끌고 집으로 돌아가도 반겨줄 가족이 없는 것은 외롭다 못해 쓸쓸하고 슬프다. 그 마음을 너무 잘 알기에 이들을 위해 기도했고 또 기도했다. 내 부족함을 알기에 기도로 시작했고, 모든 권면을 위해 오직 주님만 의뢰했다. 학문적 교육은 없었지만 나를 인도하시는 영적 스승님이 항상 내 곁에 계셨다.

상처가 회복되고 새로운 가정을 이룬 이들은 교회를 전혀 다녀본 적이 없다는 이들을 제외하고는 대부분 결국 다시 교회로 돌아가는 것을 보아왔다. 각각의 상처와 굳어진 아집들이 있을 두 사람이 만나서 따뜻한 가정을 일구어내기 위해서는 초혼보다 열배의 노력이 필요하며 그 과정이 거치고 나면 지난 상처가 말끔히 치유되었다는 것을 발견하게 된다. 그래서 교회로 돌아갈 수 있는 것이다.

새 출발을 시작하는 이들에게 항상 내 간증을 들려준다. 내가 가정을 지킬 수 있었던 것은 무조건 하나님 앞에 나와 엎드린 것이라고 말이다. 아직 희망이 있을 때에도 그분께 나왔고, 희망이 없어 도저히 견딜 수 없어 가정을 깨버리고 싶을 때에도 그분께 나왔다고, 위기 가운데 있어 괴로울 때 사람에게 위로는 받을 수 있을지 몰라도 해결은 받을 수 없다는 것을 기억해달라고도 알려준다. 새로운 가정을 이루었다고 끝은 아니다. 재혼에 성공하기 위해서는 더 많은 노력이 필요하다. 재혼에 성공한 내 친구가 재혼생활의 어려움을 이런 말로 표현했다.

"내가 이런 노력을 초혼 때 했더라면, 이혼에 실패했을 거다."

맞다. 재혼에 성공하려면 초혼 때 하는 노력이 배가 필요하다. 초혼에 그 만큼의 노력을 했더라면 실패로 끝나지 않았을지도 모른다. 하지만 이미 지나간 일, 이제는 실패하지 말아야 한다. 그러기 위해 오직 하나님 앞에 나와 지혜를 구할 것을 권면했다.

이 일이 내게 소명인 것은, 하나님을 증거하고 싶고 전하고 싶은 소망이 강렬함에 반해 내 성격은 너무나 소심해서 사람들 앞에 나서거나, 먼저 다가서는 일을 하지 못한다. 그런데 이 일을 하고 있으면, 사람들이 나를 찾아오고 그들을 위로하고, 내 이야기를 들려주며 하나님을 전할 수가 있었다. 설사 내가 적극적이라 사람들에게 잘 다가서며 언변이 좋다고 하더라도, 생면부지인 사람들에게 다가갔을 때 몇 분이나 복음을 이야기할 수 있을까?

10분? 아니 너무 길다. 5분 정도? 어쩌면 내가 말을 꺼내는 그 순간 즉시 그런 이야기는 듣고 싶지 않다고 거절할 수도 있다. 하지만 이 방법은 그들이 스스로 나를 찾아와 좋은 배우자를 만나기 위해 적극적이며 호의적으로 다가오게 하시고, 지속적인 만남과 상담을 하기에 아무리 오랜 시간 이야기해도 거절하는 사람이 없다. 그리고 더 놀라운 일은 어떤 사람들의 경우 재혼이라는 그 목적달성보다 하나님을 다시 만나는 일에 열심을 내는 사람도 만나게 된다.

또한 이 일은 홀로 된 여성들이 겪는 어려움이 안타까워서이다. 예전에 이 쉼터 사역에 잠시 참여했을 때, 이들의 상상을 초월하는 고통의 소리를 들었었다.

그들의 사연은 다양했지만, 하나같이 너무나 가슴아픈 것들이었으며, 혼자 혹은 보호해야할 어린 자녀와 함께 몸부림치고 있었다. 사별한 경우 부모와 형제가 있는 조국으로 돌아갈 수 없는 여건 속에서 버림받고 이국에 남겨져 아무도 들어줄 이 없는 고통의 절규를 토하고 있었다. 믿음은 이 고통을 이기게 해주지만, 안타깝게도 고통에 처하면 믿음에서 떠나는 이들도 많다.

그래서 나는 이들의 믿음이 회복될 수 있도록 돕고 싶었고 그렇게 권면했다. 강한 자와 약한 자 사이에는 주밖에 도와줄 이가 없으니 오직 주께 돌아와 신뢰하고 도움을 구할 때만이 근본적인 해결책이 되며(역대하 14:11) 내가 산증인인 것을 간증했다. 그리고 영혼이 회복되는 그때에 비로소 범사도 잘 될 것이라고도 말해주었다(요한삼서 1:2).

그들과 함께 하는 동안 연약한 믿음은 흔들리지 않는 단단한 믿음이 되도록 돕고, 신앙에서 떠난 이에게는 첫사랑을 회복되도록 도와서, 세상 밖으로 나아가 홀로서기를 하도록 돕고 싶었다. 물론 내 힘으로는 도울 수 없다. 다만 우리 뒤에 언제나 주님이 계시기에, 다시는 넘어지지 않도록 도우심을 믿고, 변화된 마음으로 실패한 과거는 죽고 없어졌으며 새로운 삶으로 성공할 것이라고 간증할 수 있을 것이라는 소망을 주고 싶었다.

두 번째 소원은 교회에서 바나바 사역을 충성스럽게 감당하는 일이다.

"바나바는 착한 사람이요 성령과 믿음이 충만한 자라" 사도행전 11:24.

바나바는 성경에서 영웅과 같이 드러나는 사람이 아닌, 권면과 협력자로 보이지 않는 자리에서 충실히 자신의 역할을 감당했다. 나 역시 그 역할을 사모하며 그 성실한 모습을 따르고 싶다.

그래서 예배당 뒷자리에서 주님의 종과 성도들을 위해 중보하고, 연약한 믿음을 가졌을 때 만나는 고난에 낙심하여 고통하는 이들을 굳세게 하며, 하나님의 긍휼과 은혜를 함께 기다려주고,

실패한 자를 격려하고, 부끄럽고 불안한 삶을 사는 자에게는 관용하고 이해로 이끌어주며, 내 고난 중에 함께 해주셨던 주님을 증거하고 싶다. 내 역할은 가만히 두어도 잘하는 믿음이 좋은 사람들을 돕는 것이 아니라, 약하고 어려움을 겪는 영혼들의 침체된 심령을 살피고 돕고 충만할 때까지 기다려주는 역할을 감당하고 싶다. 주님이 나를 그리고 내 남편을 기다려주셨던 것처럼 말이다.

드보라라는 새 이름을 가지고 힘을 내기로 했다.

이제는 더 이상 힘들다고 도망가지 않을 것이며, 늦었다고 한탄하지 않을 것이고, 오직 부르심에 최선을 다해 달리며, 변화된 신앙의 가치관과 안목으로 내가 감당해야 할 일을 충성스럽게 감당하며 이 자리를 지키고 싶다. 그리고 이 모든 여정이 끝나, 언젠가 그날 주님을 뵈올 때에 평생 소원하며 기다렸던 그 말을 듣고 싶다.

"잘하였도다. 착하고 충성된 종아! 네게 맡긴 적은 일에 충성하였도다" 마태복음 25:21.

그리고 그분은 내 손을 꼭 잡아주시면 내 인생은 그것으로 모든 보상이 될 것이다. 나의 나 된 것은 오직 하나님의 은혜임을 고백하는 나. '드보라'라는 새 이름을 통해 반드시 영광 받으시겠다고 말씀하신 하나님께 모든 영광 올려드리고 싶다.

하나님께서 끝까지 인내하심을 보면서…

1994년 겨울 하나님은 우리 가족을 미국 LA땅으로 오게 하셨다. 그분께 간절히 구한 것은 고국을 떠나고 싶은 것이 아니었다. 남편이 평생 운동만을 가르치는 길을 가고 싶다는 본인의 소원대로 그의 소원이 이루어져 은퇴하는 나이가 될 때까지 지도자로 남아있기를 원했던 것이다.

이제 고국을 떠난 지 20년이 되어간다. 이민생활에 어려움과 외로움이 올 때마다 고국으로 돌아가고 싶다는 생각이 간절했으나 하나님은 내게 떠나라는 확신의 평강을 주시지 않았다. 주저앉을 수밖에 없었던 시간들을 돌이켜보며 아직도 이곳에 있는 나는 지금도 그분의 뜻을 충분히 헤아릴 수 없다.

다만 한 가지 확실하게 헤아려지는 것은 이곳으로 온 첫날부터 지금까지 하루도 빠짐없이 한 시간이 되었든지 십분 아니면 일 분 동안이든지 아니면 잠깐 동안이라도 주님을 상고하지 않은 날이 없었던 것이다.

하루에 단 한순간이라도 주님을 불러보지 않은 날은 없었다. 기쁠 때나 슬플 때나 행복해할 때나 울적할 때나 고독할 때나 주님을 불러보았다. 감사해서 불렀고 기뻐서 불렀고 아파서 불러보왔고 고통스러워서 불러보았고 그리고 나서 눈시울이 뜨거워지면 기쁨은 배가 되고 괴로움은 녹아내렸다. 그분을 불러보는 것은 내 삶의 모든 영역에 미치는 근본 치료제였던 것이다.

20년의 여정이 훌쩍 지나가버린 지금 오직 그분의 뜻을 미루어 짐작만을 해본다.

이 사람에게 찾아오시기로 작정하신 주님은 만나야하는 최적의 장소(The Best Place)를 정해야 했는데 그곳이 바로 LA땅이어야 했던 것 같다. 지독히도 공허했던 이곳 아무도 없어야했던 이곳, 찾아갈 곳도 의지할 곳도 아는 이도 없는 이곳에서 주님만을 찾고 또 찾고 불러보며 만나기를 간절히 사모하게 되었을 때 드디어 그분을 만날 수 있었기 때문이었다.

이제부터는 재혼상담을 통해 가정을 회복시키고, 상처받은 이들의 마음을 보듬어 다시 교회로 돌아올 수 있는 길을 열어주고 싶다. 떠난 자들을 돌아오게 하는 일 뿐만 아니라, 상처가 있어 교회를 등지고 있지만 아직은 떠나지 않은 이들의 마음을 어루만져서 회복시키는 일도 진실되게 감당하고 싶다.

하나님이 부족한 나를 포기하지 않고 여기까지 인도해오셨듯, 남편을 사랑하셔서 인격적인 모습으로 바뀌기까지 하나님께서 끝까지 인내하시는 것을 보면서 하나님 그분이 우리 한 명 한 명을 얼마나 사랑하시고 귀히 여기는가를 절실히 깨달아온 세월이었다.

내 꿈은 하나님이 귀히 여기는 생명을 나도 마음에 품어 많은 이들을 바른 곳으로 돌아오게 하는 귀한 사역을 감당하는 것이다. 지금까지의 힘들었던 모든 여정이 이 꿈을 주시고 이루시기 위한 것이었음을 믿기에 감사하고 또 감사할 뿐이다.

지금 나는 많은 이들의 마음이 회복되고 하나님 품으로 돌아오는 꿈으로 이미 감격하고 있다.

하나님의 은혜에 감격하며...
하나님의 딸 드보라

맞춤형 무릎기도문 시/리/즈

30일 작정 기도서

십대의 무릎 기도문

십대 자녀를 위한 무릎기도문

자녀를 위한 무릎기도문

가족을 위한 무릎기도문

자녀축복 안수기도문

재난재해안전 무릎기도문-자녀용

아가를 위한 무릎기도문

태아를 위한 무릎기도문

남편을 위한 무릎기도문

아내를 위한 무릎기도문

태신자를 위한 무릎기도문

새신자를 위한 무릎기도문

교회학교 교사 무릎기도문

재난재해안전 무릎기도문-부모용

망망한 바다 한가운데서 배 한 척이 침몰하게 되었습니다.
모두들 구명보트에 옮겨 탔지만 한 사람이 보이지 않았습니다.
절박한 표정으로 안절부절 못하던 성난 무리 앞에 급히 달려 나온 그 선원이
꼭 쥐고 있던 손바닥을 펴 보이며 말했습니다.
"모두들 나침반을 잊고 나왔기에 … "
분명, 나침반이 없었다면 그들은 끝없이 바다 위를 표류할 수밖에 없을 것입니다.

삶의 바다를 항해하는 모든 이들을 위하여 우리는 그 나침반의 역할을 하고 싶습니다.
우리를 구원하신 위대한 주 예수 그리스도를 널리 전하고 싶습니다.

"하나님은 모든 사람이 구원을 받으며 진리를 아는 데에 이르기를 원하시느니라"
(디모데전서 2장 4절)

그때에도 계시고
이제도 계시는 하나님

지은이 │ 드보라 김
발행인 │ 김용호
편 집 │ 강안나
발행처 │ 나침반출판사

1판 발행 │ 2015년 11월 1일

등 록 │ 1980년 3월 18일 / 제 2-32호
주 소 │ 157-861 서울 강서구 염창동 240-21
         블루나인 비즈니스센터 B동 1607호
전 화 │ 본   사(02)2279-6321
         영업부(031)932-3205
팩 스 │ 본   사(02)2275-6003
         영업부(031)932-3207

홈페이지 │ www.nabook.net
이 메 일 │ nabook@korea.com
         nabook@nabook.net

ISBN 978-89-318-1504-7
책번호 가-9049

값은 뒷표지에 있습니다.